U0449185

小决定的重要性

The Importance of Small Decisions

[美]迈克尔·奥布莱恩
(Michael J. O'Brien)
[美]亚历山大·本特利
(R. Alexander Bentley)
[美]威廉·布罗克
(William A. Brock) —— 著   赵斯羽 —— 译

中信出版集团 | 北京

图书在版编目（CIP）数据

小决定的重要性 /（美）迈克尔·奥布莱恩,（美）亚历山大·本特利,（美）威廉·布罗克著；赵斯羽译. -- 北京：中信出版社, 2023.4
书名原文：The Importance of Small Decisions
ISBN 978-7-5217-5199-4

Ⅰ.①小… Ⅱ.①迈…②亚…③威…④赵… Ⅲ.①组织管理学 Ⅳ.①C936

中国国家版本馆 CIP 数据核字（2023）第 035683 号

The Importance of Small Decisions
Copyright © 2019 Massachusetts Institute of Technology
Simplified Chinese translation copyright © 2023 by CITIC Press Corporation
ALL RIGHTS RESERVED
本书仅限中国大陆地区发行销售

小决定的重要性
著者：　　［美］迈克尔·奥布莱恩　［美］亚历山大·本特利　［美］威廉·布罗克
译者：　　赵斯羽
出版发行：中信出版集团股份有限公司
　　　　　（北京市朝阳区东三环北路 27 号嘉铭中心　邮编　100020）
承印者：　嘉业印刷（天津）有限公司

开本：880mm×1230mm 1/32　　印张：6.25　　字数：98 千字
版次：2023 年 4 月第 1 版　　　　印次：2023 年 4 月第 1 次印刷
京权图字：01-2020-0835　　　　　书号：ISBN 978-7-5217-5199-4
定价：59.00 元

版权所有·侵权必究
如有印刷、装订问题，本公司负责调换。
服务热线：400-600-8099
投稿邮箱：author@citicpub.com

目　录

V　　**序言**

IX　　**前言**

第 1 章
文化演化：宏大进程中的微小契机

007　　文化分类
009　　目的与结果
010　　"驯化"论争
013　　社会影响因素
016　　形成期的行动召唤

第 2 章
术语定义

022　　进化术语
032　　经济术语

第 3 章

团队与适应性

043 四分卫可不是只会传球
045 选中汤姆·布雷迪
050 神经可塑性和伦敦出租车司机
053 如果和但是
055 为什么关键的是个人?

第 4 章

如何学习

065 个体学习
069 社会学习
071 模仿和效仿
074 石器打制者伍迪的传奇技法
078 高尔顿的问题

第 5 章

舞动的景观与红皇后

090 崎岖的景观
093 变换的环境

第 6 章

四象限地图

106 地图

- 109 西北象限：有明显收益的个体决策
- 111 东北象限：明智的社会学习
- 113 东南象限：人云亦云
- 115 西南象限：无明显收益的个体决策
- 116 围绕地图移动

第 7 章

风险事业

- 126 退休投资计划
- 132 这里需要人手！

第 8 章

东南象限的生活

- 145 付费游戏
- 151 现在，我们都是科学家
- 157 决策倦怠
- 159 未来会怎样？

163 **参考文献**

序言

前田约翰

人们很容易满足于自己取得的成就,因此回首过去,去反思自己的舒适圈是如何形成的,就变得非常有意义。它是你通过辛苦工作得来的,还是来自你已经习以为常的固有优势?

你可能更喜欢把自己的成就归因于前一种说法,你也更愿意这样告诉别人:我坚持不懈,克服了一切困难,所以取得了当前的成就。当下的舒适是你做出的一系列决定的结果,这些决定让你成为现在这个独立的思考者。若非如此,这本标题平实的书怎么会吸引你的注意力呢?

在奥布莱恩、本特利和布罗克提出的"新社会行为地图"中,你一定在他们地图的"西部象限"。你是自己过往所有行为累积的结果。而且既然你选择这本书，那就说明你是个不断跟进最新研究，以期做出最优决策的人。

不过你独立的大脑也在不停思考、不断萌生新的想法。一旦成为一个成熟的思考者，你就会痛苦地发现，这个世界的决策并不单纯依靠纯粹的逻辑。相反，我们更多地基于别人的经验来做决策。这个观点是之前出版的《窃言盗行：模仿的科学与艺术》一书的前提假设，该书由奥布莱恩、本特利以及马克·伊尔斯共同撰写。既然你能做的最简单的选择就是不做选择，索性就让别人替你做选择吧。

每一次你模仿别人，你就开始围绕着别人的地图移动。换句话说，他人的决定会影响你的决定。于是，我们这个完全网络化的社会的更深层次的影响开始显现。你逐渐意识到，你身边的很多决策正发生在与"分包"类似的行为中，我们将任务分解为几份，委托给不同的人处理，我们每个人都在不知不觉地参与其中。

然而，如果你能戳破自己的幻想，那么网络世界还是有价值的，特别是当你接触"特权行走"的概念时更是如此。这个实验会让不同个体拥有的特权显现出来。

有数百万浏览量的"什么是特权?"颇为引人关注。在活动中,每个人的初始位置是一致的,然后根据具体的指示前进或后退。比如,参与者会得到这样的提示,"如果你曾经因为种族、阶级或性取向而被辱骂,请退后一步",或者"如果你的父母都上过大学,请向前迈一步"。

"特权行走"与奥布莱恩、本特利和布罗克提出的"新社会行为地图"高度相关,因为它揭示了地图中更加个人化、更依赖个体的"西部象限"决策中嵌入或者隐藏的特权。由多世代累积而成的众多优缺点会集中体现在一个个体身上,这使得我对他们的行动有了另一种解读,"我将拥有像我这样的人在过去所拥有的一切"。

作为世界上最大的全分布式技术公司的设计主管和负责人,我的工作使我常有机会遍访美国和欧洲的偏远地带,这些经历呈现了作者提出的"新社会行为地图"象限的全貌,我有机会观察各种各样的决策行为。我也已经学会了尽量减少偏见,同等尊重地对待地图上可能被认为不那么受欢迎的人。个人能够跳脱出他所处的社会环境的思想氛围吗?或者,个人能够跳脱出之前几代人累积的观念吗?我相信答案是肯定的。那么,我们应该如何做呢?

我们应该从有意识地了解自己在社会行为地图上的位置开始，然后做出一系列小而重要的决定，这可以把我们带到自己真正想去的目的地。当然更好的情况是，如果可以，尽量把我们带去独立做决策的北部象限。祝好运！

前言　伊藤法官的法庭

在美国，很多人一生中都有过至少一次担任陪审员的经验，并且我们认为大多数人实际上都期待着这一体验。或许是受到许多电视节目的影响，法庭总是被呈现为一个惊险刺激的地方，充满了针锋相对的观点和唇枪舌剑的辩论，并且总是伴随着接连不断的反转。如果你对决策以及决策如何塑造人类进化蓝图感兴趣，那么对你来说，法庭就如同一个鲜活的实验室。事实上，如果想对人类做出决策的类型进行分类，我们很难找到一个比法庭更好的实验室，在法庭上，决策的过程、速度以及这些决策的影响——不论短期还是长期都会被清楚地呈现出来。

伊藤法官的法庭就是这样一个无可比拟的实验室。1994年11月至1995年10月,洛杉矶高等法院法官兰斯·伊藤审判了著名的辛普森案。辛普森是前美国NFL职业橄榄球大联盟运动员、解说员、演员、广告明星。他被指控谋杀了前妻妮科尔·布朗·辛普森和她的朋友罗恩·戈德曼。1994年6月13日午夜,在洛杉矶繁华的布伦特伍德街区地段,人们发现妮科尔和她的朋友被刺死在公寓外。几天后,《洛杉矶时报》的标题写道:"疯狂逃亡后被捕,辛普森被控谋杀前妻及其友人。"在辛普森被捕后,各种各样的决策问题接踵而至。如果你是辛普森,你会如何组建你的辩护团队?如果你是地区检察官吉尔·加西蒂,你也要面对类似的决策问题:你将挑选哪些检察官来处理此案呢?接下来,你还要决定选择洛杉矶的哪个法庭来处理此案。加西蒂有两个选择,一个法庭位于洛杉矶市中心,另一个则是毗邻布伦特伍德的圣莫尼卡。地点选择考虑的主要因素在于加西蒂认为哪个法庭会为他起诉辛普森带来最大的胜算。他最终选择了洛杉矶市中心的法庭,现在回头看,这是一个极其可怕的决定。因为这意味着加西蒂没有选择与辛普森有着类似背景的富裕阶层的陪审员,取而代之的是把这个案件交到了一群与辛普森背景迥异的陪审员的手中。

关于陪审团成员的确定，双方都必须参与筛选，对备选名单进行选择和淘汰。在审查开始之前，律师们会告诉你他们必须快速对名单中的备选陪审员进行排名，他们也必须迅速决定准备向特定陪审员询问哪些问题。这通常取决于律师助理和专业的陪审员挑选人对不同个体的肢体语言的评估。以上操作就是我们所熟知的预先审查。对陪审员来说，他们在预先审查过程中就开始了做决定的过程：律师真的是在问我对某事的看法吗？还是仅仅在向我施压，试图让我屈从？或是两者兼有？原告的律师是像他所表现的那样，是个大混蛋吗？我能站在国家的立场反对一个我一直尊敬的人吗？

陪审团成员敲定后，律师们则进入更加复杂、更大规模的决策过程。比如证人证词的顺序、证词的选取、使用证词的时间点、如何检查和盘问证人、如何更充分地了解当事人，以及结案陈词要包括和排除哪些内容。辛普森案的关键是一双稀有且昂贵的布鲁诺·马格利鞋、DNA飞溅物和一双并不适合辛普森的让人印象深刻的手套。最后，经历了几个月的取证过程，陪审团仅花了4个小时就判定辛普森无罪。

法院电视台（现在的 TruTV）和其他几家电视台报道了这次庭审情况，并对判决现场进行了直播。数百万观众观看了当天的电视直播。所受关注之多，能与之匹敌的只有 1973 年参议院水门事件听证会了。由于人们都去观看辛普森案的审判，全美生产损失可能高达 400 亿美元。正如莉莉·阿诺利克在《名利场》杂志的一篇文章中所言："当时可能没人意识到，在那场骇人罪行之外，一种新生事物诞生了，或者这一罪行'催生'了一个更好的词：真人秀。"当然，1995 年的电视真人秀节目只是它发展规模的雏形，更不用说我们现在获得"真相"这一事实的途径大大增加了。

来源：法新社／盖蒂图片公司

在工作中，我们通过检视决策及其结果做出决定，无论是预料中还是预料外的，都是构成复杂进化进程演绎的关键因素。也许一个决定——把布鲁诺·马格利的鞋子作为证据或让一个有撒谎嫌疑的侦探出庭做证——看起来微乎其微或无关痛痒，但它有可能对法庭上正在发生的事造成一些无法预料的影响。当我们关注到事物的不同部分时，我们能更好地分辨事情的真相。辛普森案让我们着迷，是因为它的规模不小，以至我们不能简单地概括，但它也不至于太庞杂，以至我们会失去所有细节。这个尺度恰好适合我们跟踪在不同时机和不同程度上做出的不同类型的决定，并观察其眼下和长远的结果。

人类的最初阶段是在一个选择余地很小的世界里发展进化的。就在不久前，经济学家还习惯从理性的角度来审视行为，这个概念暗示着行为主体通常依据主观选择和市场需求理性地展开行动。今天的情况并非如此，经济学家已经开始关注情感甚至情绪层面的问题，去追踪某个阶段正在发生的事情。这就是陪审团顾问会得到大笔酬金的原因，现在就连投资公司都开始在社会影响和非金融方面增加人力投入了。那种认为人类行为是理性的传统观点已经过时了，人类常常不能对某件事深思熟虑。当下的人们越来越多地被淹没在即时获取的"新闻"和观点中,决策变得越发仓促,太多的可能性蕴含其中,人们的决定越来越多地开始依赖互联网。

公众已经生活在过载的信息泡沫中,更不用说个人经验和集体决策之间的鸿沟已经越拉越大,未来会怎样呢?会变成一种我们还无法想象的真人秀电视节目吗?或许吧,但这是一种过于急切而做出的危险判断,很多营销人员甚至是社会科学家都在成为这种论断的牺牲品。通过挖掘互联网上提供的大数据来研究人类行为是很新颖的做法,但大规模的在线行为能够满足我们理解人类如何做出决定的全部需求吗?我们明确反对,我们要说"不"——这些数据需要被放置在适当的语境之中。几年前,我们开发了一种叫作社会行为的"地图"。它能帮助我们捕捉人类决策的基本要素,这不仅是营销人员应该关注的,也是社会学家和行为科学家应该关注的。该地图的一个象限用以衡量人们对自身决策的风险和收益的了解程度,另一个象限用以衡量决策的个人或社会程度。

我们三个人在《窃言盗行:模仿的科学与艺术》一书中发布了社会行为地图的初级版本,还在《行为和脑科学》杂志上发表了一篇题为《大数据时代的集体行为》的技术性长文。这本杂志通常会将一篇被认可的论文发送给该领域 20 多位杰出的研究人员征求意见，并且在目标文章后发表他们的评论。然后，目标文章的作者有机会做出回应。我们收到的评论涵盖了从哲学到情感心理学，从经济学的博弈论到金融学的数据挖掘等方面令人叹为观止的学术见解。这些评论引导我们更有效地使用模型来预测某些决策行为，同时通过这些模型，我们可以了解到看似很小的决策如何结合在一起以创建更大规模的进化事件。正如我们论坛论文的回应者之一亚历克斯·梅苏迪所言："我认为他们的方案是对来自我和其他人的想法的补充……也就是基于一个进化的框架来重构社会和行为科学的思考。进化的'族群思考'正是这篇文章思考的问题：个体层次的进步进程如何聚合形成种群层次的进化模式。"

梅苏迪提及的两个认识都是准确的。这个模型对他和其他人一直在研究的个体层次的过程如何聚合成种群层次的模式具有很大的价值。这就是进化的核心。但是论坛论文还是倾向于技术性的讨论，我们从其他人(包括一些回应者)那里听到的一些意见更为大众化："我们真的很喜欢这个地图模型并且想要使用它，尤其是关于怎样确定各种行为的位置和模式的细致讨论，但我们需要一些更详细的解释作为帮助。"他们所需要的帮助，可能需要通过一些数学技巧才能实现，这还是太过于技术化了。这些回应促使我们撰写了这本书，我们认为，对于地图决策而言，这是一个对用户十分友好的决策方法。这种方法的重点不是方程，而是研究不同决策行为和进化过程在现实世界中的具体过程。最后，我们的目标是为了表明，理解人类的决策比从社交媒体中挖掘数据更重要。话虽如此，我们还是希望能有推特数据来记录数以百万计的人在1995年辛普森案的审判期间为他的无罪或有罪所做出的"决定"。当然，这数百万的决定不只是12名陪审员的共同决定，但无论如何，这都是非常有趣的。

借此机会，我们再次感谢麻省理工学院出版社执行主编鲍勃·普赖尔对该项目的持续支持。我们也要感谢《简单法则：设计、技术、商务和生活的完美融合》系列丛书的编辑约翰·梅达，感谢他将我们的著作纳入他的系列丛书。这是迈克尔和亚历山大与鲍勃和约翰联合出版的第三本书——另外两本是《窃言盗行：模仿的科学与艺术》（2011年）和《从祖先到算法：加速进化的人类文化》

XVI

（2017年）。我们也要感谢格洛丽亚·奥布莱恩、雷吉娜·格雷戈里，麻省理工学院出版社的安妮·玛丽·博诺、黛博拉·康托尔 – 亚当斯和玛丽·赖利，感谢她们一如既往高质量的编辑建议。

第 1 章 文化演化：宏大进程中的微小契机

众所周知，考古学家的兴趣总是异常广泛，不过位居他们兴趣列表榜首的通常是这一问题：为什么一万年前的一些人类会放弃狩猎-采集的生活方式转而开始定居生活，并发展农业，进行作物栽培和家畜饲养？事实上，在过去的一个世纪里，很难再找到一个比此更具争议和讨论热度的考古学话题了。过去，考古学家曾坚信向农业定居生活的转变最开始仅仅发生在少数区域（可能首先在近东，继而在美洲的个别地区），之后才从发源地传播到地球上的其他区域。而现在，人们已经接受了新的观点，除了近东、墨西哥中部以及南美洲的几个区域，向定居生活转变的农业起源还发生在更广泛的范围中，这一进程独立地发生在东亚、南亚、印度河谷、非洲中西部等地区。毫无疑问,这种向定居农业和动植物驯养的转变对史前生活方式——史前历史学家戈登·柴尔德将这种生活方式命名为"新石器时代革命"——有着意义深远的影响,但是对这种转变发生的原因和方式,我们仍然知之甚少。

20世纪70年代初,迈克尔还是莱斯大学的一名本科生,当时他有幸选到了考古学家弗兰克·霍尔做他的导师。莱斯大学以工程和硬核科学类的专业见长,社会科学及行为科学领域的师资并不突出。迈克尔并非自主自愿选择弗兰克做他的导师,而是别无选择:因为弗兰克是当时仅有的一名考古专业教师。同样,考古专业的学生数量也很少,准确地说只有一个。由于每名学生必须配备一名导师,所以弗兰克既无权选择是否接收这名学生,也不能将这名学生转至其他教师门下。事实上,弗兰克也是在毫无选择的情况下接受了迈克尔。

弗兰克是研究伊朗西部地区早期农业社会的专家。这一地区已经成为考察大约一万年前的早期村落形成与动植物驯化之间关系的首选区域。1961年,弗兰克获得了芝加哥大学博士学位,并与罗伯特·布雷德伍德一起研究伊朗西部地区农业起源与定居村落兴起之间的关系。布雷德伍德曾意外地成为《夺宝奇兵》电影中阿布纳·雷文伍德这一角色（雷文伍德是主角琼斯的导师）的原型。1948年到 1955 年间，他已经因在耶莫新石器遗址上的发掘而小有名气，这一遗址位于伊朗西部扎格罗斯山脉。布雷德伍德的考古工作颇具创新意义，主要原因在于，他的研究团队构成多元，不仅包括考古学家，还包括植物学和动物学等领域的专家。毕竟，想要探究动植物驯化初期的秘密，不仅要具备识别动植物遗迹的能力，还要有足够的知识储备去判断它们的生物学、植物学信息，比如判定它们到底是被驯化的还是野生的等等。

来源：马尔钦·希姆恰克，Shutterstock 图片素材库

布雷德伍德不赞成已有的对定居农业现象的出现做出的解释，尤其是柴尔德提出的"绿洲假说"。该理论认为，11 700 年前，也就是更新世末期，由于气候恶化，人类、动物、植物迫于压力集中生活在水源近处。基于这种新建立的密切联系，通过定居生活，这三者逐渐形成了一个共同体。植物是动物的可靠食源，动物和人都会聚集在植物生长的地方，动物、植物、人彼此适应，驯化现象自然而然地发生了。布雷德伍德不接受这种"绿洲假说"，他提出了一个新的猜想：山翼理论。在更新世末期稍早一些时候，沿扎格罗斯山脉"两侧"分布着一些村落，这里气候环境优良，同样出现了农业起源现象。与柴尔德强调环境恶化的原因不同，布雷德伍德的"山翼理论"认为，这些村落的形成和动植物的驯化是新石器时代群落"定居"进程的一部分。在此进程中，这些部落主动尝试储存食物，使用镰刀、磨石以及其他技术，这些在知识、技能上的"储备"，为农业的出现提供了条件。那么为什么在向定居生活转变的"新石器时代革命"之前，人类没有生产出粮食？布雷德伍德解释如下："文化上的准备还没有达到可以进行农业生产的程度。"

文化分类

像如今一样,文化需要为社会发展做准备的言论似乎有些奇怪,布雷德伍德所处的年代也不能轻易接受这种观点,他回溯到19世纪的社会科学家惯用的分析框架展开研究,这些社会科学家包括爱德华·泰勒、路易斯·亨利·摩尔根等。他们认为,无论来自哪里,所有人类都必须经历注定的文化演进阶段:蒙昧—野蛮—文明。但最后只有少数具备条件和基础的幸运者才会迎来文明。文化差异之所以存在,是因为不是所有的群体都能够成功地沿着这一阶梯向上攀爬。对于19世纪的民族学者来说,他们所了解的简单社会与史前社会非常类似,二者都在进步阶梯的不同阶段停滞不前。摩尔根运用一系列的比较数据将不同的文化划分为三个单元,并分别为蒙昧和野蛮这两个单元创造了三个次单元。与此同时,他还给各单元的次单元列出了一系列特征。虽然有些特征基于物质和技术,比如食物种类、食物获取方式及工具等,但是摩尔根还是更看重婚姻和家庭这类文化特征。比如,所有的社会一开始都是"乱伦杂居"的,一些群体先是走向血缘婚,然后是群婚、对偶婚,继而是一夫多妻制的父权制婚姻,最终一些"文明"群体选择了稳定的一夫一妻制。

被摩尔根视作文明"发展"阶段标志的文化，正是罗马、希腊、埃及等现代国家崛起的根本动因，这样的理解并不让人意外。文明在城市中逐渐形成、累积，在1950年发表于《城镇规划评论》（Town Planning Review）的《城市革命》（The Urban Revolution）这篇论文中，柴尔德对泰勒和摩尔根的模式进行了补充。他列出了10条界定城市的重要标准，其中包括有纪念性的公共建筑、抽象复杂艺术、写作、全职专业手工匠人、统治阶级的出现等。

我们把泰勒、摩尔根还有柴尔德提出的解释框架称为单线进化论，这意味着，进化的事物——聚落和文化——有一种天然朝着某种预先决定的方向进化的趋势。摩尔根在他1877年的鸿篇巨制《古代社会》中更明确地阐述了这一观点，人类的经验几乎朝着一致的方向发展，在同样的环境下，人类的生活必需品有着几乎一样的物质外壳。这种观点，在社会科学领域被广泛认可，特别是在人类学领域，被称为"人类心理一致性"。在这样的进化论框架中，个体决策的作用和角色并不重要，毫无疑问它无法影响总体进程。事物有着自身的发展规律，就像人类学家埃莉诺·利科克直到1963年才指出的那样："任意浏览一本人类学导论教材都会发现，人类社会发展的一般序列已经被写入我们对史前文化的理解以及考古遗存的阐释中了。"

目的与结果

虽然文化演进的单线进化论还以不同的形式存在着，但是到了20世纪60年代，布雷德伍德及其同时代的人都开始关注个体决策的影响。布雷德伍德告诫人们，不要忽略"手工艺品背后的印第安人"。把个体"能动性"放置在文化为重大技术变革"做准备"的概念中，这让我们想起了英国一档电视节目《米切尔与韦柏》中的一个小品：两个来自青铜时代的人去邻近村庄拜访两个新石器时代的人，并向他们描述青铜相对于石器的优点。他们说着"石器已死，青铜万岁"，又给邻居展示铜碟、铜杯，甚至铜鞋。文化为变革"做准备"的观点同样可以解释定居生活的起源：人们围绕营火而坐，"决定"要永久定居在村落中,并在周围种植大麦、小麦、豆类,同时开始在这些植物中驯养绵羊和山羊。

然而,人们对个体决策所起的作用也存在错误的理解。正如考古学家罗伯特·贝廷格和生物学家彼得·里克森所说,代代相传的文化行为并不一定是他们当下"可能"的动机导致的。个人层面的决策确实会构成群体层面的模式,但这并不是将群体层面遵守的行为模式归因于个人层面的意图和动机的理由。关于人们围绕营火而坐,决定自己的群体是"需要"定居还是为其"做准备"就说到这里。从演进的角度来看,真正重要的是做出的决策所带来的后续结果。

"驯化"论争

在这场目的与结果的拉锯战中,植物学家、考古学家戴维·林多斯在1984年出版了《农业的起源:一个进化的视角》一书。他指出:植物驯化并不是一个"非此即彼"的命题。更确切地说,无论地理位置如何,驯化在人与植物连续相互作用的过程中存在着不同的阶段。林多斯的观点引起了很大的争议，正如一些人指出的那样，他把人当作被动的大自然的棋子，忽略人在过程中的能动性。正如他所言，尽管人类的意图、创新或发明都真实地发生了，但是在对农业的起源进行解释时，并不需要将这些因素视为驯化发生的原因。换句话说，驯化是一个漫长的过程，在这个过程中，人类的行为和决策与植物的进化是协调一致的，并没有因果关系。林多斯问道，自然界有那么多非人类的、互惠的驯化系统存在，例如蚂蚁和洋槐、松鼠和橡树，我们为什么要将人类和植物驯化的关系视为一个特殊的存在呢？为什么我们要将人类和植物之间已经形成的几千年的关系与人类和其他动植物之间的互惠行为区别看待呢？

这里需要明确一下前文的主要观点：人们总是在做决策，换句话说，人们总在筹划着做些什么，但事情的结果可能与决策背后的意图并没有什么关系。公元前9000年，在新石器时代的安纳托利亚，当一位食物采集者挖了一条浅坑并把一粒大麦种子扔进去时，谁会想到他可能并没有种庄稼的想法呢？同样，谁能想到一位公元前4000年的食物采集者在往墨西哥高地特瓦坎山谷的玉米幼苗上浇水时，他并不是想努力让幼苗存活下来呢？这里需要强调的是：虽然意图在发生的当下是真实的，在不断变化的文化系统中也有很重要的价值，但它们在文化发展过程中只起近端作用。当把目的与进化结果联系起来考虑时，我们一定得格外小心。因为从群体层面来讲，意图所起的作用毫无疑问要小得多。林多斯在书中写道：人们做出选择，但就进化过程而言，人们并不总是能够主导在选择中涉及的那些变量。换句话说，我们从已有的选项中做出选择，但我们的选择范围在前几代变量的演化过程中就已经被决定了。亚历山大·阿兰德早些时候也提过类似的观点："个人没必要知道为什么某一行为是适应性的，因为它总会变成适应性的。他们甚至不需要知道他们正在做一些重复性的行为，因为这些行为最终会改变他们的生存能力。"这就像在辛普森案的审判中询问个别陪审员，他们的大脑里都思考过什么问题一样。如果我们向陪审员询问他们如何、何时以及为什么做出自己的决策等问题，这很像是在开玩笑。当然在宣读判决结果后，很多人能通过采访陪审团大捞一笔。但对于这一事件，真正重要的问题是辛普森被无罪释放了。

社会影响因素

到目前为止，我们还没有讨论到本书最为重要的一个主题：社会影响。在个体做出决定这件事上，人们经常会受到周围人的影响。辛普森案判决的背后就有很多社会因素的影响。这正是陪审团发挥作用的方式。陪审员讨论证据，每个人都试图说服其他人采纳自己的观点，从而达成或否定集体决定。根据一份报告，在辛普森案陪审团开始内部审议时，陪审团成员进行了一次测试性的意向投票，此次投票以10∶2的结果显示大多数人支持无罪释放辛普森。在之后的正式庭审中，法官仅用了4个小时就做出最终裁决。这意味着在这4个小时中，最初不支持辛普森无罪释放的两名陪审员很快就受其他陪审员的影响，改变了他们的意见。新石器时代的食物采集者向驯化转变的过程并没有这么迅速，但社会影响因素无疑也起到了很大的作用。正如我们将在本书中看到的那样，对于决策而言，社会因素的影响程度是一个越来越重要的经验性问题。行为科学家以及市场研究人员都越来越依赖通过外包的方式去了解人们做决定的原因和方式。

2004年，詹姆斯·索罗维基的畅销书《群体的智慧》

出版了，当时社交媒体还没有普及。该书提出了这样一个预设并引起公众关注：如果去询问一群性格多元且彼此独立的人同一个问题，错误答案会被统计式地消除，最后会得出正确答案。一个经典案例就是，请100个人逐一通过投票来猜测一个大玻璃碗中弹珠的数量，把所有人的估值相加再除以100，得出的平均值竟然与弹珠的实际数量惊人地接近。为了使实验结果更精准，也可以召集1 000个人来做这个试验。如果你只是看过索罗维基这本书的书名，你可能会像大多数市场研究人员一样，试图通过外包来解决你的问题。也许你会在网上发布一份10分钟就可以完成的在线调查，询问在线订购替换灯管的信息，或是从40号州际公路买一桶汽油的详细建议。但是，那些进一步阅读他的书的人会发现，索罗维基想要强调的是：如果那些行为主体缺乏独立思考，而是受旁边人判断的影响，那么群体智慧效应就会消失。

如果把时间设定在新石器时代，一切又会有什么不同呢？假设新石器时代就已经存在社交媒体，那么农业革命会是什么样子？在某种意义上，新石器时代确实存在社交媒体，因为人们通过陶器纹饰或服装、文身、珠宝等其他不同形式的装扮来表明自己的社会身份。英国考古学家斯蒂芬·申南最早发现，德国新石器时代的陶器设计出现了随着时间的推移而呈现兽群迁徙图案的趋势。当然，这些现象远不及现代社交媒体的传播速度和全球可见性。如果近东的第一批农民能通过视频网站把他们在实践中的经验带到仍然处在狩猎-采集阶段的中石器时代的英国，那么英国人将更快地从狩猎生活过渡到稳定的村庄生活，欧洲人对动植物的驯化过程也都会更早开始。拥有社交媒体的新石器时代的人可能会追随他们最喜欢的领导者，以便及时了解当下最为流行的做法。不用再单单依靠个体判断，不用再经过无数代从父母到孩子的传承。播种哪类种子、耕耘哪片田地、储存哪些种子和吃什么食物等事情不再是孤立的探索，没有什么经验可遵循了，这些问题的答案原来是可以外包出去的。对土地、气候、动物和植物的深入了解已经让人类受益了几千年，当人们可以轻松地将目光转向学习邻居们采用的速效对策时，这种经验的益处将不复存在。

在第4章我们将会更具体地了解到，不是每个人都必须成为一个独立的思考者，至少不需要一直都是。真正最有益的是，人类可以在独立的思考者与社会调和的模仿者两种身份之间进行转换。这听起来可能很简单，但对于群体实践来说，要怎样在两种身份间保持平衡是很重要的。这一研究结果在鱼群、鸟群和兽群中也得到了证实。实验表明，整个群体符合逻辑、协调一致的行为很多时候来自模仿，大多数个体都在模仿其邻近种群或集体中少数（不到5%）个体的行动。举个例子，少数鱼朝着目标物体游去，而大部分鱼只需模仿周围的同类即可。一群鱼在水中前行，看起来好像所有成员都知道要去哪里、何时到达，事实上很少有鱼确切地了解这些，它们的游泳方向可以通过迅速有效的社交学习在鱼群中传播开来。

形成期的行动召唤

如果能够回到过去，仔细观察人类在漫长的驯化过程中所经历的一切，那就再好不过了。在弗兰克·霍尔提及的新石器时代一个位于扎格罗斯山脉的有万年历史的村庄——阿里库什中，人们需要花费多长时间才能做出一次独立决策？有多少次受到社会影响做出了妥协？当然，也许我们都错了。整个过程也许不是一个充满着创新者和挪用者的漫长转换，在整体上，这也许是一个简单得多的过程。也许有人发出了一个执行命令，认为团队需要做出些改变来寻求更好的生活。这有点儿像我们早些时候介绍过的青铜时代的情况，考古学家唐·莱思若普就是这样嘲讽林多斯的无目的论的。公元前1501年12月31日，也就是人们所知的早期形成期，下午4点40分，在墨西哥特瓦坎山谷的一处悬崖上，一个小团体的首领正在发布他的日常通知。通知的内容如下：

嘿，伙计们，我有了一个重大发现。神秘占卜告诉我：比起河漫滩上那些过时的、老旧的豆科灌木，深峡谷小块地里的玉米能给我们带来更多的能量。明天我们所有人只干一件事，那就是把河漫滩上那些低劣的老豆科灌木挖出来，然后在整个河漫滩种上玉米，这件事是极具进步意义的。嘿，姑娘们，明天对于你们而言也是重要的一天。你们必须发明出那种能与真正的成型陶器相匹敌的轻薄而坚硬、有技术含量且精致的陶器。我们都要把心思放在怎么建造出坚固的房子上，否则，我们就无法达到这个水平了。记住这个过程吧，这是形成期大革命，我们正在创造历史！

正如前面说过的那样，也许我们都想得过于复杂了。也许这比我们想象的要简单得多。让我们开启新的篇章，把目光聚焦在我们探索这个问题时需要用到的一些常见术语上。

第 2 章 术语定义

通过一连串的决策过程实现的文化演化，并不是一个按照特定序列展开的预期过程，而是一个需要使用达尔文进化论思想去理解的无目的的过程。达尔文改变了人们对于自然界进化问题的观点，之前被认为是生物按照预设序列由低到高发展的"阶梯"式的进化过程，现在被人们认为是一个无目的地变化的过程。让－巴普蒂斯特·拉马克在他1809年的著作《哲学动物学》中，普及了一种自然变化的大方向，他认为进化的动机是有机体为了获得生存所需。这种"阶梯"式的进化观点类似于中世纪基督教的"伟大的存在之链"，并且几乎与19世纪爱德华·泰勒和路易斯·亨利·摩尔根的文化进化论相同。尽管拉马克从未写过关于人类的文章，但是拉马克应该会喜欢人类意图推动文化进化这样的观点。

达尔文把注意力从个体转向种群，从把个体有机体作为主要焦点转变为聚焦生物层面上相互关联的个体或物种所构成的群体。在此观点中，是物种在进化，而不是其中具体的个体在进化。这显然对我们讨论与决策有关的意图和结果有重大影响。对于达尔文来说，物种之间的进化差异可归因于"改良的血统"，自然选择是改良的主要因素。因此，自然选择在他1859年出版的书中有着无可比拟的重要性。

进化术语

谈论进化是一件极具挑战性的事情，因为有关进化的关键术语也常常是日常用语，特别是选择、漂变、适应和适应性这些概念。粒子物理学领域就完全不会有这类情况，夸克、介子、轻子这些乍一听就很特别的术语总是有着特定、独特、稳定的定义。我们不会把它们与日常用语相混淆。我们从来不会说"你拿着我的 μ 介子，是吗？"

或者"我要去中微子中心工作"这样的话。但是，人们会经常使用那些带有"漂变"和"适应"的常用短语，"演变"和"进化"这样的词也随处可见，从美发产品到梦龙乐队的另类音乐专辑的标题里都有体现。在理解进化概念的过程中，人们常常感到困惑，与之相反，进化这个词本身却常常暗示着有意的、个人的进步，带有某种积极色彩。比如给出一些精辟的建议，让你"进化成一个更有爱的人"。或者干脆这样说，进化的概念在日常用语中常常被等同于"变化"。

这就是我们在本书中需要对这些概念进行界定的原因。我们从进化这个概念开始，这一概念来自生态学家约翰·恩德勒，他将进化定义为生物个体或生物群体特征在世代之间最终方向上的变化或累积的变化。注意这里有一个微妙之处：进化一定是变化，但变化并不一定都是进化。达尔文的进化论需要满足四个特定的条件。第一，一组有机体在它们固有的性状方面存在差异。第二，在这些性状中，其中一些明显比其他同类更有优势。第三，变异是可以遗传的，这意味着它可以进行代际传递。第四，可以对变量进行分类整理，以此淘汰掉一些不具优势的个体。后面的过程就是选择，日常语言中的选择指的是有意的、主观的选择。很遗憾，这个定义听起来就像是在说选择做出了某种决定：哪些有机体可以成功被选中，哪些有机体没有。达尔文把这个意思表达得就像选择是生命与死亡之间的最终仲裁者，但这并不是他的本意。进化中的选择的真正意思是，进化的过程并不是主观地"选择"任何东西，它只是一个过程。最终结果是一些有机体成功地胜出了，而其他有机体却没有。

类似的术语还有适应及其近亲适应性，或者更常被称为适应度。进化适应度描述的是有机体作为进化历史的结果所呈现出的状态，或者用达尔文的术语来说，进化适应度描述的是从祖先或者祖先的祖先处所获得的"血统"等等。适应有点儿棘手，因为这个过程涉及群体成员跨越世代的发展，同时改变他们在生存和繁殖过程中的适应性。更具体地说，经历过适应过程的性状变得更具适应性——一个有机体或一组有机体的一个特殊特征是由自然选择产生的，由于它们具备了某种特定的功能，从而提高了其载体的适应度。

选择和适应并不是进化仅有的过程。还有一个经常被误解的进化过程是漂变，它是进化中的随机部分。当选择属性较弱时，漂变就体现得尤为明显。一个来自未被选择的性状的基因可以在不同世代间随机漂变，直到种群中的每个个体都拥有它——它会在种群中固定下来，也有可能会消失而导致没有一个个体拥有它。正如后面的内容所呈现的那样，文化特征可以以一种类似的方式漂变。

漂变是一种发生在群体层面的随机事件，通过漂变，有机体文化上或生物上的特征的存续概率会增加或者减少。让我们将目光转向一只美国西部的雌性山狮，它是种群中具备最高生存适应度的物种。它目力敏锐、嗅觉极佳，还有着极其出色的母性本能，从不会被任何其他的山狮摆布，不管对方是公狮还是母狮。它几乎可以蒙着眼睛狩猎，还生了两只幼崽，它们看起来就像迷你版的它。尽管它表现出一种对雄性狮子的普遍不信任，但它光滑的皮毛和其他外在的生殖信号仍然使它成为雄狮的理想伴侣。所有的山狮都知道这一点，这自然引起了其他雌性山狮的嫉妒。有一天，这头母山狮正在高处打猎，突然雷雨骤现，闪电突然击中它并要了它的命。这就是我们所说的进化中的"随机部分"。尽管这头母狮在生物适应度方面表现优异，但一次偶然的事件还是把它淘汰了。选择这个进化规律在结果中没有起到任何作用。提示一下，在这个例子中，母狮已经生育了两个后代，如果它们自己能成功地生存下来，它们将会把自己的优秀基因遗传给下一代。然而，如果我们把母狮的幼崽带走，它们良好的基因就会因为一道偶然出现的闪电而失传。

选择、适应、漂变，这些进化概念对人类以及人类决策的过程意味着什么呢？在生物领域有着重要影响的进化过程在文化领域起着同样重要的作用。文化选择发挥的作用就像生物选择在改良血统方面起到的作用一样，文化漂变与生物漂变有着类似的机制。为了阐明生物领域中的进化概念在文化领域中的应用，让我们来看看两个虚构作品中的案例研究。这两个案例的主人公都是酒吧里的男性。在第一个场景中，主角是一个20多岁的单身男性，正在寻找女朋友。他与父母同住，在当地的五金店工作。他非常清楚地知道，想要从人群中脱颖而出必须花点儿心思。早上起床时，他穿上一件鲜红色的涤纶衬衫，故意解开领口的扣子，露出胸毛和金项链，再把衬衫领子拉到黑色皮夹克外面，把衬衫塞进紧身的黑色裤子里。最后穿上闪亮的红色靴子，开始新的一天。他昂首阔步地走在街上，看到路边走过女生，就朝人家抛媚眼。一天的工作结束后，他回到父母家的地下室，先换上粉色涤纶裤子，穿上印花衬衫，套上红色皮夹克，最后穿上红靴子，戴上金项链，只身前往本地的夜总会。

夜总会的姑娘们看到他会作何反应呢？是会为他神魂颠倒，还是会被他吓得花容失色，朝他喷胡椒粉呢？要回答这个问题，还要取决于这种场景发生的时间背景。前文描述的形象正是演员约翰·特拉沃尔塔在《周末夜狂热》中扮演的角色托尼·马内罗。该片上映于1977年，那是迪斯科风行的年代。这种打扮和行为举止在当时确实行得通，因为那时的人或多或少都是这样打扮的。但一个当下的年轻人如果想要模仿这类穿着，可能会采取不一样的策略。他可能不会对路过的女生抛媚眼，尽管他还是会穿同样的衣服，但他会有意表现出一种对自己的戏谑行为完全有意识的态度；又或者，一个男人可能会充满虔诚地穿上同样的衣服，大声宣称特拉沃尔塔是一名伟大的演员，但这更多的是一种粉丝对偶像的致敬行为。不管是上述哪一种情况，都是为了通过标新立异的行为来获得关注，或者表现得与众不同而展现魅力，如果这种非常规的行为只偏离正常行为一个标准差，还不至于被当成疯子，当偏离正常行为四个标准差时，就很有可能被人喷胡椒粉了。

这里主要讨论的是，着装是必需品，而吸引力是一个随着时间流转而发生变化的变量。一般来说，着装是为了适应，它的功能是提高我们的适应度——使我们不至于被冻死，更重要的是，它帮助我们在繁殖群体中，具备吸引异性的必要魅力。无论穿上涤纶弹力裤、绸缎还是羊毛长裤，你都能足够暖和，但为了吸引潜在的伴侣，时间和地点这些因素也都变得很重要。繁殖适应度是通过时尚表达的，这跟保暖的逻辑很不一样。现代的时装发展很容易发生"漂变"——颜色、材料和款式很少受到选择的影响。但在某种程度上，我们又是在"选择"，我们常常在选择穿什么，但是这种选择其实已经被服装设计师和市场研究人员预先限制了。这里的漂变并不是真正"随机"的，因为选择的范围是有限的，而不是无穷无尽的，不过我们这样说也是为了简单方便。设计师和营销人员知道哪些种类销量好，哪些不好，所以产品的生产总是会被理性地规划。

  史前服装则是由不同的漂变和选择的平衡支配的。考古学发现的"沼泽木乃伊"可以给我们一种直观的感受。公元前 1370 年的夏天，在今天的丹麦艾特韦附近，一位北欧青铜时代的年轻妇女被葬在一个橡木棺材里，她上身穿着一件羊毛编织而成的进口短外衣，下半身穿着一条用捻羊毛纱制成的及膝长裙，腰间系着一根羊毛编织的腰带，还有一条饰有螺旋纹的青铜皮带盘，戴着耳环与发网。这些衣物饰品，有哪些是经过选择选中的，哪些是来自漂变的？使用羊毛是经过选择的，不仅是因为即使在潮湿的环境中羊毛也能帮助人体保暖，也是因为几千年来牧羊在北欧一直是一种普遍存在的生计。但短上衣和青铜皮带盘上的螺旋纹呢？它们可能是北欧青铜时代的时尚，并不是为了适应生存需要，也不是来自选择，而极有可能是来自偶然的随机的漂变。

让我们暂别丹麦，回到神话般的美国夜总会，不过，它现在已经是一个乡村西部舞厅了。接下来我们将介绍两位酒保，这两位酒保的故事来自考古学家鲍勃·伦纳德，他是迈克尔的一位老友和长期合作者。在这个故事中，两位酒保都很出色。他们能及时关注顾客的需求，非常健谈，也知道适时地帮助喝太多酒的人平静下来。因为可以收到小费，两位也都很喜欢在忙碌的夜晚工作。除了一个看起来微不足道的细节，这两个人的很多行为几乎一模一样。其中一位习惯使用教堂的钥匙开啤酒瓶，而另一位则习惯用一个老式的开瓶器，这个开瓶器安装在酒吧间后台的水槽上方。乍一看，人们不会发现这两种方法在适应度方面的不同。无论使用哪一种工具，都可以快捷地打开瓶盖，并把酒递给顾客。决定使用哪一种方法开瓶是随机的，是一种纯粹的偶然的漂变产物。所以，这不会对酒保的适应度产生任何影响，因为毕竟只是一个开瓶器。除了各式各样大小和形状的教堂钥匙，酒商赠送的花式开瓶器、瑞士军刀，甚至一辆皮卡车的内锁都可以充当开瓶器。

正如鲍勃所说，对大多数人来说，哪一种开瓶器更好用、更高效并不重要，因为我们每次使用的时候只开几瓶啤酒就够了。可能某种开瓶器更适合在后院烧烤时使用，而另外一种更适合在野餐时使用，但是，选择开瓶器的种类对我们适应度的影响微乎其微，因为我们只需要打开几个瓶子，所以无论怎么选择都不会影响我们的适应度。但酒保不同，让我们回到鲍勃讲述的这两位优秀酒保的故事，帮我们更清晰地认识这一点。我们注意到，在整个晚班中，如果贾里德用安装在酒吧后台水槽上方的开瓶器开酒，他每分钟可以开 6 瓶啤酒。按照每瓶啤酒平均 10 美分小费计算，他每小时可以得 36 美元，每班 6 小时可赚 216 美元。而使用教堂钥匙开酒的龙尼，每分钟可以开 5 瓶啤酒，这意味着他的效率比贾里德低 17%。你可能会觉得这是一个很小的差异，让我们继续探究。由于每瓶酒的小费都一样，所以龙尼每小时能拿到 30 美元，一次班时能拿到180美元——比贾里德少了36美元。

如果我们将实验时间延长至一年，并且一年中的标准工作日为260天，那么贾里德的收入将比龙尼多9 360美元。现在我们谈的是现实生活中真实的钱。在实验结束时，我们会发现龙尼总是无法给他的家人提供足够的衣食，也难以付清全部账单。他的妻子已经抛弃了他，债主上门催债，这都是因为他习惯的技术带来的工作效率"仅"比他的朋友低17%。顺便说一句，他的朋友贾里德开的是一辆新款雷克萨斯，旁边坐着他漂亮的妻子，两人还孕育了新的小生命。若干年后，贾里德开着一辆路虎揽胜把孩子送到私立学校，而龙尼家里没有孩子，因为他的妻子带走了孩子。他想知道申请破产能否阻止因为他购买别克车而招致的催债人的讨债行为。

鲍勃的观点是，随着时间的推移，再微小的差异也会对适应度产生真正的影响，哪怕是一个"仅"能提高17%工作效率的技术工具。在我们想象的情景中，效率转化成了小费，它同样也可以轻松地转化为能量储存。在初始阶段，能量储存的影响可能是很有限的，但在一生的生命长河中，把这些能量用在生育或养育后代等方面可能会产生重要影响。当从上一代继承的技术影响了出生率时，它就对进化产生了积极的效应。让我们想象一下，假如一个新石器时代的村庄有 100 人在种植单粒小麦，他们的人口以每年 1% 的速度增长。而在上游 50 公里处还有另一个村庄，村庄里的村民有养殖奶牛的习惯，他们不仅喝牛奶、吃奶酪，而且用多余的奶酪交换小麦，制作面包。这个村庄的人口以每年 2% 的速度增长。如果其他条件都一样，一个世纪后，牧牛人的数量将远远超过麦农。暂时忽略我们将在后面章节中讨论的其他因素，例如移民、文化学习等等。我们将看到的重点是，决策和行动的微小变化可能会让一个群体超越另一个群体。而且这两个群体在这一过程中可能都没有意识到正在发生的变化。同样，当个人的决定逐步积累时，重大的进化影响就会产生。

经济术语

大多数行为科学的繁荣都是通过研究那些聪明人的自利行为实现的。这一观点起源于早期的经济学著作《国富论》，该书由亚当·斯密于 1776 年出版。众所周知，这一观点是建立在利己主义的基础之上的。约翰·斯图尔特·穆勒在 1836 年写道:"政治经济学领域关注人作为追求经济利益的个体存在,并且认为人有能力判断何种方式可以最终帮助自己达到目标。"此处他是指"用最少的劳动和体力牺牲"来实现自己的目的。穆勒的观点被通俗地称为"经济人"。19 世纪晚期的一些批评者质疑人类是否能完美地控制风险、回报,以及控制达到预期效果所需的劳动量。虽然从来没有人真的认为人类是无所不知、精于优化的决策者,但对于理性决策作为一个基本的经济假设到底能发挥多大作用,还存在较大的争议。有个最显而易见的例子可以说明这个情况,在过去的 20 年里,诺贝尔经济学奖获得者在这个重要问题上的立场截然不同。

效用、搜寻品和体验品是三个很重要的经济学术语。这些术语背后的数学原理可能非常复杂,但我们的目标只是以简单的方式应用它们。效用可以理解为偏好,比如你是喜欢巧克力牛奶还是白牛奶,你对其中一个的喜爱比另一个多多少?这样提问是假设你可以在没有限制的情况下在两者之间自由选择。如果其他人付钱,也许你会想要更贵的巧克力牛奶,但在超市,你可能会选择购买白牛奶,因为你认为不值得为巧克力牛奶花额外的钱。从这个意义上说，效用就是我们购买某些东西或完成某些事情所获得的满足感。如果人们认为观看达拉斯牛仔队的比赛获得的满足感是看电影的50倍，那么他们会愿意多花50倍的钱去看这场比赛。这就是效用函数：面对一系列的选择和有限的预算，我们会做出一个让满足感最大化的选择。虽然我们不能真正观察到人类大脑中的效用函数——神经科学家在这方面的研究已经取得了进展，但经济学家可以通过代替物来表示实际行为，例如顾客购物车中的购物清单。

搜寻品是指那些顾客在购买前就已经知道价值的商品，所以，顾客会搜索最低价格的同种产品。廉价酒精饮料的销售额，比如40盎司[①]一罐的麦芽酒，往往反映出你能以这个价格买到多少酒。亚历山大的一个朋友从布朗大学获得了医学学位，他决定接管家族企业，把回收的纸制品转化成汽车商店用的纸巾和公共汽车用的卫生纸。现在，最令他激动的任务就是用卡尺测量卷纸的厚度。不管产品的包装、吸水性、质地以及营销情况如何，他的客户只问一个问题："多少钱？"这是他们购买决定的全部体现，所以每磅[②]的价格是公司关注的重点。（这位朋友后

[①] 1盎司（美制）=29.57毫升。——编者注
[②] 1磅≈0.453 6千克。——编者注

来在硅谷创办了一家新公司，他更开心了。）

　　搜寻品的特点是你知道它的价值并且会寻找最低的价格，与之相反，体验品是没有办法提前预知价值的产品。为了发现该商品是否比熟悉的商品有更大的价值，你需要进行尝试，或者你会追随那些喜好和你相似，并且有经验的用户。生产商知道客户缺少做出选择所需的全部信息，所以他们使整个市场的价格保持一致。因为如果定价明显低于竞争对手可能会被客户视为产品质量不好。对客户来说，尽管都是在做决策，比较健康保险计划的难度似乎比比较牙膏的难度大得多。对我们来说，决策如何产生才是最重要的事情。至于一些即便是体验了也不知道其价值的产品，可以称之为后体验品，这类产品的存在使得健康补品公司可以从中获利。私人评级公司也是如此，而美国食品药品监督管理局等政府机构则将提供第三方信息作为一项公共服务。

　　好的，现在术语和定义已经解释完了。在后面的讨论中，我们还会对它们做更多的介绍。让我们翻开下一页，来看看决策是如何形成的。

第 3 章 团队与适应性

决策是由意识做出的，那么意识和大脑又是什么关系？柏拉图和亚里士多德一直执着于这个问题，很多哲学家、数学家、心理学家、人类学家和神经生物学家也加入了这场探索。从客观、科学的角度来看，大脑是一种物质——一种重量为3磅的灰色物质。更精确地说，大脑由1 000亿个神经元组成，每个神经元又通过7 000个突触与其他神经元产生联系协同工作，因此大脑能够组织并处理那些由意识发出的各种信号：想法、信念、判断和偏见、认知和记忆。与其他执行功能一样，做决定的过程发生在前额皮质，这是一个需要信念、记忆等步骤来支持的认知过程，通过这些步骤可以形成一些可行的行动进程，再从中进行选择。尽管以上是通常情况下人们的理解，但意识不仅是大脑自身的呈现，而且是整个身体的表达。举个例子，胃部的饥饿直接引起了大脑的反应，这就是一种简化的说法。更精准的描述应该是这样的：饥饿引起了意识层面的决策反应，而这一决策过程发生在大脑的前额皮质。

让我们再来看一下其他情况下的决策。在繁忙工作的间隙，我们更有可能选择哈迪餐厅现成的 1 340 卡[①]巨无霸汉堡，而不是街角食品杂货店的胡萝卜和豆腐。但当周末到来，我们可以好好计划一番的时候，我们可能就会选择享用一份多汁的牛排，并在餐后回味用餐过程的美妙，有可能还会筹备着邀请朋友来一起享用。这种权衡众多选择和针对未来进行计划的能力把人类和其他生物区别开来，至少目前为止是这样的。动物与人的不同之处在于，假如某位狗主人倒出一碗狗粮，狗会本能地跑过来，在此之前它并没有什么类似决策的思考过程，或者有请其他狗来一起分享的计划。人类则不同，吃饭可以是一件非常复杂的事，这取决于人们所处的社会环境。如果是在传统社会，宴请是具有重大意义的事件，分享食物可以促成联

---

① 1 卡 ≈ 4.185 9 焦。——编者注

盟，提高设宴者的声誉，或是操演支配他人的权力。

如果做决策（从众多选项中进行选择）的是意识而不是大脑，那么群体或团体的意识，就可以被称作集体意识，集体意识会完成集体决策。在团队中，出色的领导者总是能够清晰地洞察群体中各种类型的人，并促成这些不同类型的人为群体贡献智慧，无论他们是有想法的人、注重细节的人、持反对意见的人还是举棋不定的人。不管是在董事会会议室，还是在篮球场，个人的适应性都在一定程度上受到其他同伴或团队适应性的影响。当然，团队适应性是由个人适应性构成的。在本章最后的讨论中，我们会回到个人层面与群体层面的重要区别这个问题上，进而探讨群体是否具有外在于个体的属性。不过在这里，我们想要探究的是球员在决定加入或者离开某支球队的时候，他们如何能够影响这支球队。以职业篮球为例，2002 年的美国女子篮球职业联赛（WNBA）年度新秀塔米卡·卡钦斯就是一个有趣的例子。当年她带领印第安纳狂热队的胜率有 50%，与之相对，前一年的胜率只有 31%（卡钦斯的教练帕特·萨米特可能是田纳西大学最好的教练）。在 2016 年，也就是由卡钦斯领导的最后一个赛季，狂热队取得了 50% 胜率的好成绩，而在卡钦斯离开后的那一年里，狂热队的胜率只有26%。同样的情况也发生在美国男子篮球职业联赛（NBA）的赛事中，克利夫兰骑士队在2003年签约勒布朗·詹姆斯之后的一个赛季取得了43%的胜率，而此前一个赛季的胜率是21%。2010年詹姆斯离开骑士队加盟迈阿密热火队后，骑士队的胜率就从74%下降到了23%，而热火队则从57%上升到了70%。2014—2015赛季詹姆斯重回骑士队，骑士队的胜率从40%上升到了64%，而热火队从66%下降到了45%。很明显，某些个体的确对团队有着至关重要的意义。

但是，正如一项对NBA球队的研究所发现的那样，"没有一个指标能完全预测成功"。为什么很难预测谁会赢？在塔米卡·卡钦斯和勒布朗·詹姆斯真正开始为各自的球队效力之前，很难预测这两名伟大的球员可以在多大程度上提升他们球队的实力，新球队能否取得成功，充满着各种不确定性，出乎意料的事件常常发生。许多备受追捧的校园运动员，甚至是约翰尼·曼泽尔和蒂姆·特伯这样的海斯曼奖获得者，在NFL职业橄榄球大联盟中并不成功；相反，许多最优秀的职业运动员，比如四分卫汤姆·布雷迪、布雷特·法夫尔、库尔特·沃纳，反而是校园运动员中的平凡者。这需要我们更加深入地了解一下

NFL 职业橄榄球大联盟的四分卫和他们的决策，以及与他们签约的球队的集体决策。在这项工作的最后，我们会重新引入上一章的两个话题——选择和适应，并了解其在个人与集体两个层面上的运用。具体来说就是，选择是仅仅在个人层面产生效用，还是可以在群体层面产生效用？

四分卫可不是只会传球

美国人迷恋四分卫，因为他们是球队的门面。四分卫不仅要在赛场上带领球队，还要在方方面面磨砺个人品性。一个人如果不具备领导力，他就很难成为一个称职的四分卫。无论是对橄榄球少年队还是对 NFL 职业橄榄球大联盟来说，事实都是如此。作为人们关注的焦点，四分卫必须严格控制饮食和保持高强度的训练，尽管他们的体格可能会比常人更好一些，但是如果我们随机对当地金牌健身中心里的 100 名男性（其中只有一名是 NFL 职业橄榄球大联盟的四分卫）进行调查，我们可能很难从中把四分卫找出来。如果你成长于 20 世纪 60 年代，你可能还记得一些这样的形象：华盛顿红皮队的桑尼·尤根森和比利·基尔默，他们胀起的啤酒肚跟那些爱吃肉、爱喝啤酒的粉丝如出一辙。在那个年代，除了在基督教青年会（YMCA），人们几乎很少有运动的机会，NFL 职业橄榄球大联盟的球员不惜一切代价逃避运动，而且这样做似乎在当时也行得通。

球员做出的决策，无论是在场上还是场下，都对球队的成功有着重大的影响。因此，NFL 职业橄榄球大联盟非常重视球员的综合素质，并将温德利人事测验纳入了每年的新秀综合测试。在新秀测试中，备受期待的新秀会被邀请到 32 个球队面前演练。在如今非常复杂和快节奏的比赛进攻趋势下，一名四分卫如果能够在濒临失败的时候传出 70 码[①]球，并且能在 4.8 秒内跑完 40 码距离是很棒的，但是他还必须具备迅速吸收海量信息，并能很快调用这些信息的能力。温德利人事测验只需要 12 分钟就能做完，有 50 个问题，因此并不是绝对有效的完美测试。在《如何做出正确决定》一书中，乔纳·莱勒认为这个测试无法预测 NFL 职业橄榄球大联盟四分卫的成功，因为找到一

---

① 1 码 =0.914 4 米。——编者注

个开放式接收器不同于解决具体的代数问题。毕竟，匹兹堡钢人队的特里·布拉德肖只获得了 16 分，却在他参加的 4 场比赛中 4 次赢得超级碗。我们明白莱勒的观点，但是正如我们后面的发现，进化的发展过程可能跟他的观点很不一样。

选中汤姆·布雷迪

在决定挑选某位球员，尤其是四分卫的时候，NFL 职业橄榄球大联盟的人力部门都会面对这种极其艰难且纠结的抉择，特别是在球迷希望某支球队能够"一赢到底"的压力下。NFL 职业橄榄球大联盟的选秀只有 7 轮，也就是说每支球队有 7 次选择机会，只不过由于俱乐部交易、球员转会等因素，选择次数可能会大于或小于这个数字。假设 32 支球队都从速度、协调能力、力量、智力和性格等方面来选拔种子选手，那么各球队预想的最佳球员名单会非常相似。不过，随着选秀开始，球员们的名字不断从榜单上掉下来，情况变化得很快。面对这种情况，最好备有B计划、C计划和D计划。要想知道这一切会导致什么后果，就让我们回顾一下2000年选秀中新英格兰爱国者队的情况。1999年赛季结束后，爱国者队解雇了教练皮特·卡罗尔，取而代之的是比尔·贝利奇克。爱国者队的管理人员十分看好密歇根大学的四分卫汤姆·布雷迪，大家都知道此人具备领导能力，只是身体素质并不是特别好。布雷迪在大四那年失去了首发位置，在新秀综合测试上的表现也不尽如人意，40码的短跑他用了5.2秒。大多数锋线球员的成绩通常都比这个更好。

这次选秀最后招募了254名球员。爱国者队把布雷迪排在了第199位，也就是第6轮的最后一位。有6名四分卫排在他前面。你可能都没有听过这些人的名字，如斯珀根·温、乔瓦尼·卡尔马奇、蒂·马丁。他们中间有两人从未参加过NFL职业橄榄球大联盟的比赛，而温只参加过3场。但布雷迪最终成了NFL职业橄榄球大联盟史上最优秀的四分卫，也是最大的黑马，尽管刚开始时他只是一名替补。他一共5次赢得超级碗冠军，还有3次排名第二，这种成功还在不停地续写。这是源于运气还是努力？或是两者都有？诚然，运气起了一定的作用，因为另一支球队本来可以在爱国者队前面选中布雷迪。如果他们选了布雷迪，我们就可以把这个情况称为漂变，也就是我们在第2章提到的进化中的随机现象。那么选择呢？选择是非随机性的事件吗？即使乔纳·莱勒是对的，温德利人事测验与四分卫在球场上的决策能力没有关联，但是高智商毫无疑问可以让个人具备更好的适应能力。这不是说他们一定会成功，一个成功的四分卫既需要优越的运动能力，也需要内在的驱动力，但是任何一种优势在竞争中都是有用的。无论是对 NFL 职业橄榄球大联盟的四分卫，还是对使用各种开瓶器的酒保来说，选择和适应都是通过这少许的优势来发挥作用的。

回到布雷迪，虽然他在新秀综合测试中的表现欠佳，很多球队都不愿意签他，但是爱国者队还是在他身上下了赌注。虽然这一做法有些冒险，因为他们本可以签约自己需要的其他球员，不过这一决策最终获得了丰厚的回报。难道是爱国者队知道了其他竞争对手不知道的什么秘密吗？或是有什么暗示，暗示布雷迪会有多成功？对于这些问题，我们可能永远都得不到答案。事实上，爱国者队的人事助理总经理斯科特·皮奥利当时可能也不知道。事后看来，他可能会提及自己的直觉或者布雷迪的温德利人事测验分数——33分。这个分数比在布雷迪之前被选中的其他 6 位四分卫的分数都高,而且是高出许多。后来,正如莱勒指出的,这种分数并不能确保运动员在 NFL 职业橄榄球大联盟这样级别的赛事上取得成功,但同样,选择总是基于优势,这才重要。就布雷迪而言,他的优势是他智商很高,对比赛有十足的了解,而这些优势都是他通过数千个小时的训练和观看录像获得的。

来源:约瑟夫·索姆,Shutterstock 图片素材库

在选中布雷迪的时候,皮奥利和爱国者队把那些经典的经济原则抛于脑后,用直觉或者一些其他行为取代了理性思考,放弃了理性预期和有效市场理论。经济学家

凯德·马西和理查德·塞勒在一篇标题极具煽动性的论文——《失败者的诅咒》（The Loser's Curse）中对NFL职业橄榄球大联盟球队的选秀进行了研究。这是一个非常具有趣味性的行为经济学研究，他们的研究假设是心理因素导致球队过分重视在选秀初期选人的机会，因此球队会急于在选秀开始时互相攀比进行交易，而且往往会放弃挑选顺位在后的球员，或者未来的选择机会。马西和塞勒使用了选秀当天的交易、球员表现和薪酬的数据，把未选新秀的市场价值与已选新秀提供给球队的价值进行比较。果然，他们发现球队大大高估了获选新秀的价值。这种行为并不会在有效市场中发生。

这一研究引起了众多NFL职业橄榄球大联盟球队老板的关注。其中，华盛顿红皮队的丹尼尔·斯奈德就很想认真了解塞勒的策略，并想与他进行实际讨论。斯奈德后来让几位球员经纪人继续追踪这位经济学家的研究。显然，经济学家的建议并不重要，因为斯奈德从来不会听取未来诺贝尔奖获得者的建议，他只想挑选高水平的新秀立即为其赢得成功，但是这几乎是不可能的（在斯奈德掌管球队的18年里，球队四次进入季后赛）。举个例子，在2012年的选秀中，为了拿下首轮第二顺位的罗伯特·格里芬三世，华盛顿红皮队把当年的首轮签和次轮签、2013年和2014年的首轮签都让给了公羊队。作为一名四分卫，格里芬三世在贝勒大学有过辉煌的战绩。不过，在光荣的新秀赛季之后，他十字韧带撕裂，从此一蹶不振。由于放弃了新秀的签约权，红皮队也失败了。（球队老板纷纷警示自己：储备第二轮和第三轮新秀以抵消意外的影响，因为这些明星运动员会像第2章的雌性山狮一样突然被淘汰。）

神经可塑性和伦敦出租车司机

有一个想法很有趣：我们做出的决定——尤其是那些总是被持续加强的决定，会在大脑中留下可被发现的变化吗？我们都知道大脑具有神经可塑性，它在对真实和幻想的经历做出回应的时候，自身的结构和功能会出现某种改变，但是这种变化能以某种客观可见的方式呈现吗？学习复杂的进攻技巧，尤其是高难度的传球路线，会给四分卫的大脑带来一些肉眼可见的变化吗？对此，我们还不能确定，让我们先在伦敦出租车司机的大脑中寻找一些线索吧。要想获得在伦敦市区开出租车的资格，申请者必须具备足够的"知识"，也就是要在大脑里装备一幅复杂的伦敦地图。这幅地图覆盖了以查令十字街火车站为圆心的约10公里半径的范围，这个范围内有大约2.5万条街道，更不用说分布其中的无数酒店、剧院、餐馆和各种地标了。经过4年的培训，具体内容包括学习"蓝皮书"上列出的320条路线，还有以每条路线的起点和终点为圆心的0.4公里半径范围内的所有小路和地标，出租车执照申请人必须在资深出租车司机面前通过一系列考试。这些人会提出很多刁钻的问题，比如以最短时间从A点到达B点的具体细节。对于全世界的出租车司机来说，这都是一种独一无二的考验，这一传统始于1865年。

2000年，伦敦大学的神经系统科学家埃利诺·马圭尔与同事对一批正在接受培训的出租车司机进行了神经成像研究，并将他们的大脑磁共振成像与他们在记忆任务上的过往表现进行了对照。结果显示，掌握高度复杂的伦敦地图会使大脑中海马后部的灰质体积更大。这一部分的主要功能是将短期信息整合为长期记忆，控制空间导航能力。与之相对，未通过考试的受训人和对照组的大脑中没有发现这种结构性变化。公交车司机也不例外，他们只需要按照既定的路线行驶，不必思考两点之间的最短路线。

这并不是说海马大的人更适合做出租车司机，而是开出租车这个活动似乎可以增加海马灰质体积，因为海马灰质体积与开出租车的时间呈正相关。当出租车司机退休后，那些增加的部分会逐渐消失。不过，拥有对伦敦的空间知识可能需要付出一定的代价，或许是海马前部体积的减小。在测验中，我们发现出租车司机对某些新型视觉信息的记忆表现较差，比如对复杂数字的延迟记忆。

正如马圭尔及其同事指出的那样，这些发现对于"先天还是后天"的争论来说很重要，因为它们说明，大脑具体而持久的结构性变化可以由后天的生物相关行为引起，而这些行为指向更高的认知功能，例如空间记忆。这为人类决策的界限提供了新的理解。了解伦敦哪条街道通往哪里和了解每个接球手和后卫如何躲过各种进攻十分相似。汤姆·布雷迪像伦敦的一名出租车司机一样具有"知识"。虽然不确定布雷迪的大脑在他的职业生涯中发生了什么改变，但是我们可以自信地猜测：他大脑中海马后部的灰质体积有选择性地增加了。

如果和但是

有一件事总会令人感到不可思议：如果一个决定稍微有一点儿调整，那么一组决定就会产生多种连带后果。假如我们回放生命，事情也会有不同的结果。古生物学家斯蒂芬·杰·古尔德在讨论加拿大西部伯吉斯页岩中的中寒武纪动物群时提出了上述观点，这一想法记录在他1989年出版的《美好人生》一书中。古尔德巧妙地借用了弗兰克·卡普拉1946年执导的电影《美好人生》的名字。在这部影片中，天使把由詹姆斯·斯图尔特饰演的一名意欲自杀的青年带回到了从前，让他看看假如他没有出生，生活会有什么不同。古尔德提出的问题是，如果我们能够回到5亿年前对环境做出微小的调整，阻止一种或两种寒武纪动物灭绝，我们的生活会是什么样貌？或者假设我们能够阻止诸如海底滑坡这样灭绝了几十种动物的灾难的发生，生活又会变成什么样？古尔德认为，生活不是一系列的随机事件。相反，它是连续性的意外事件，这就意味着沿途的每一步都与之前发生的事情相关。我们能够经常看到这些步骤吗？答案是否定的。但是，哲学家丹·丹尼特在谈到达尔文的物竞天择理论时提出了一个重要的观点，即这一理论的力量不在于它能准确显示历史本来的样子，而在于它揭示了特定环境下历史可能的样子。

无论是在个体层面，比如你决定买一辆车，还是在集体层面，比如我们都开始在亚马逊网站上购物，意外事件都会影响我们做决策。这些决策会时常影响适应度，而且这种影响可能比我们以为的还要频繁。问题是，突发事件能既在集体层面又在个体层面起作用吗？在个体层面，汤姆·布雷迪的适应度一定受到了新英格兰爱国者队选秀的影响。这个球队的老板罗伯特·克拉夫特及其管理人员都打算斥巨资打造一支常胜球队。如果克利夫兰布朗队在第183次的选秀机会中选择了布雷迪而不是斯珀根·温，事情会怎样发展？布雷迪在克利夫兰布朗队会像在新英格兰队一样成功吗？他会像在爱国者队一样赚到2亿美元，薪酬只比佩顿和伊莱·曼宁低吗？他会遇到年收入大约4 700万美元的超模吉赛尔·邦辰，并娶她为妻吗？他会有不止一个可爱的孩子，还在马萨诸塞州（麻省）的布鲁克林有一栋豪宅，在曼哈顿有一套顶层豪华公寓吗？还是说他会像我们在第2章提到的酒保龙尼一样无妻无子，仅仅开着一辆欠款的别克？

我们永远不会知道这些问题的答案，但是我们为什么特别关心可能会发生些什么呢？就像达拉斯牛仔队的常驻四分卫唐·梅雷迪斯在主持《周一足球夜》的时候曾说的："如果'如果'和'但是'是糖果，我们都能过圣诞了！"我们能够确定的是，效力爱国者队为布雷迪的适应度带来了积极的影响，这才是最重要的。而且，选中布雷迪也影响了爱国者队的适应度，因为这一决定为这支球队的老板增加了40亿美元的净值。这就引出了贯穿本书的一个有趣的话题：群体选择。

为什么关键的是个人？

在生物进化领域，也许没有哪个话题能比群体适应度更具有讨论度了，有时候还是充满敌意的争论。为什么会这样？行为不能同时惠及个体和群体吗？一些生物学家和哲学家，例如威尔逊和埃利奥特·索伯的回答会是肯定的，但是更多人会同意哈佛心理学家史蒂芬·平克的观点："群体选择在心理学和社会学上并没有实质的意义和作用。如果个人天生就有为群体做贡献，从而为自己谋福利的特征,那群体选择就没有必要了,在群体生活中,有个体选择就足够了。"

生物学家乔治·威廉斯用鹿来说明个体选择和群体选择的区别。想象一下一群奔跑速度很快的鹿和一个奔跑速度很快的鹿群,两者的含义并不相同。首先,单独的一只鹿从捕食者的手中逃脱通常要容易许多。因此,说到适应度,我们想要表达的是,这群个体能力更强的鹿的适应能力要比其他鹿群强,而且它们的速度会更快,因为这个群体中的鹿逃离了被捕食的命运,并且随着时间的推移,它们还会繁衍更多的后代。但是,这里我们就需要注意一点:虽然从某种意义上说,选择显然有利于个体能力更强的这一群鹿,但是我们不能说它们的特性与那些聚集成群的鹿有什么不同。换句话说,适应是一种顺应。这种顺应有利于单独的鹿,而不是其所在的群体。不过,回到平克的观点,有一只跑得快的鹿对其所在群体来说是件好事,因为它的基因更有可能被传承下去。

难怪在被爱国者队招募后,汤姆·布雷迪的适应能力有所加强。正如我们看到的,他从一开始就有一个优势——在智力和内驱力方面的优势,而且这个优势随着时间的推移变得愈加明显。这既是因为他有意识地不断努力让自己变得更好，也是因为他感受到了同行压力，不论在场上还是场下，他身边的人总是很优秀。与此同时，因为招募布雷迪并将其置于技术高超的人中间，自 1994 年被克拉夫特收购后，爱国者队 5 次赢得了超级碗冠军，而且观众席年年爆满。与 NFL 职业橄榄球大联盟的其他球队队员相比，爱国者队队员的个体能力也增强了。不把季前赛和季后赛计算在内，爱国者队连续参加了 261 场比赛，每场球赛的票都被哄抢一空。

很明显，布雷迪和爱国者队有着一致的利益，当然前提是布雷迪要保持健康，表现良好。但是让我们先重点记住这句话：爱国者队与布雷迪利益一致。其实几乎所有关于群体选择的讨论，都会触及"利他主义"的概念。对于这一概念，许多生物学家和行为科学家故意选择忽视。他们认为那些看似利他的行为实际上仍然是利己的，这些行为会影响实施利他行为的人的适应度。要回避这种观点的真实性很难，我们只能想起几个少数的例子——一名扑向手榴弹的士兵，或者给某位服务员 100 美元的小费，即使再也不会见到她了，但是这些例子充其量是一些例外。约翰·特拉提供了一种进化论的解释视角，于 2015 年 1 月发布在自己的网站 FanRag Sports 上。一个星期之前，布雷迪决定修改他跟爱国者队的合约，为球队省出2 400万美元来签约其他球员。特拉认为，这对布雷迪来说是一种冒险，他失去了保障，从此以后，爱国者队即使跟他解约也不会受到任何的罚款处分。特拉写道："新英格兰爱国者队应该为拥有汤姆·布雷迪而心怀感恩。这不仅是因为布雷迪为球队创造了三次赢得超级碗，两次打进决赛的辉煌战绩，还因为布雷迪可能是当下最为球队考虑的人。几乎没有球员会一再放弃自己的既得利益，更别说上千万美元了。"我们毫不怀疑布雷迪拥有优秀的品行，但是从进化的角度来看，他做出了一个对自己也有利的决定：如果他保持健康，那么他在自己职业生涯的下一个篇章赚回的钱会远远超过2 400万美元。这样，他就永远不用担心自己会像酒保龙尼一样开着一辆破旧的别克了。同样，爱国者队与布雷迪的利益是一致的。这跟成为一个好人毫不相关，但与成为一个聪明人息息相关。

为了圆满完成我们对群体适应度的讨论，让我们来做个总结：个体做的决定不仅会影响自身的适应度，还会影响他们所在群体的其他人的适应度。既然如此，我们就不用担心"群体选择"存在与否了。同样，群体决策也会影响个体的适应度。虽然对于辛普森是否做了杀害妮科尔·布朗·辛普森和罗恩·戈德曼的决定，刑事审判陪审团的意见是没有，而民事审判陪审团说他有责任（这与被判有罪不是一回事），但是听证团队做出的决策明显影响了他的适应度。不仅如此，这些决定还会广泛影响其他人的适应度，包括受害者的家人、起诉人的事业，还会导致辩护人的收入减少。

正如我们在本章开头指出的，做决策是一个认知过程，它使用判断、偏见、信念和其他思维抽象概念来为一个行动过程提供可能性。这些抽象概念来自哪里？随着时间的推移，它们又是如何形成的？答案是，它们源于学习——把大脑组织的数据填充到意识中的基本输入过程。接下来让我们翻开新篇章，看看这个过程涉及的各种不同类型的学习。

第4章 如何学习

1976年上映过一部电影《逃离地下天堂》，该片将时间设定在2274年，电影主人公洛根和杰西卡正在逃离一座追求享乐的穹顶城市，在这里他们的享乐生活将在30岁时被迫终止。逃到城外的一个冰洞之后，他们遇到了一个会说英语的酷似真空吸尘器的机器人博克斯。博克斯机械地发出声音："海里的鱼、浮游生物、海菜和蛋白质。"然后，博克斯试图把洛根和杰西卡冷冻起来，并把他们当作海鲜，从而供应给可能早就已经灭绝的人类文化。

《逃离地下天堂》是探索未来文化演化的电影，也是反乌托邦科幻小说流派的一个具体例子。文化演化这一概念至少在1985年H. G. 威尔斯的《时光机器》一书出版时或更早的时候就出现了。尽管我们在第2章提及的文化演化只是随着时间的推移对变化进行分类的一个过程，但在大众媒体中，文化演化通常被视为朝确定方向发展的过程。在适应度方面，如果有些变体或特质赋予其载体的优势优于其他选项，那么在代代传递的过程中，这些特征就会被自然选择。随着时间的推移，这一过程把不那么适合的个体从群体中淘汰。在《逃离地下天堂》中，博克斯显然认为这是他的责任。

不过，由于博克斯"学到"的所有内容都是由程序写入的，因此他更加僵化，无法适应不断变化的外部世界。他的超负荷运作导致了穹顶城市的崩塌。然而，在大多数情况下，生物的状况要好许多，因为他们具备学习的能力。人类更是无与伦比的优秀学习者。出于需要，我们把学习分为两类：社会学习和个体学习。这种分类是很有用的，只要我们记住人类既不是纯粹的社会学习者，也不是纯粹的个体学习者，或者正如我们的同事亚历克斯·梅苏迪所说，人类是信息获取者和信息生产者。更确切地说，特定的条件（也许是虚拟的，也许是客观存在的）决定了在具体的情境中哪种学习类型会更有用。让我们先从个体学习开始。

个体学习

独自学习——我们将其称为个体学习——是一个在个体身上发生的缓慢过程。在这个过程中,个体通过试错的方法,调整已有的行为以适应自身的需要。也许,你是在观察了父母和老师的基本行为后,开始做出一些小小的改变的,但这是在几乎或者根本不受其他人影响的情况下做出的。举个例子,过生日的时候你收到了一套高尔夫球杆,但是你住在乡下,远离城市,没有高尔夫球场,而且你也不认识任何打高尔夫的人,更别说可以教你的人了。经过日复一日的练习,阅读一些有关高尔夫球杆的不同信息,以及反复试错后,你会发现打高尔夫球时的挥杆动作跟打棒球是不一样的,而这些是你无法通过看高尔夫球运动员约翰·戴利模仿棒球运动员巴贝·鲁斯挥动球杆学到的。

罗布·博伊德和皮特·理彻森把这种情况称为"导向性变异",即任何变化、改善和提高主要是由个体自己决定的,几乎不受外界变化的影响。我们称这种形式的学习是"无偏差学习",因为在我们感兴趣的群体层次上,这种学习近似于对上一代人行为的复制。虽然个体行为也能构成群体维度的人类行为，但是它们变化和影响的速度太慢了——这里变化一点儿，那里变化一点儿，从而使得我们几乎看不出代际之间有什么总体性的行为变化。

作为一种策略，在学习某种行为之前，我们可以仔细观察一下环境（既包括文化环境也包括物质环境），看看你能否搜集到有关某种行为收益的信息。如果收益差异很明显（虽然大多数情况下是不确定的），你就可以根据环境信息的指引调整你的行为。假设我们是史前猎人，生活的环境历经数代变迁，森林渐渐变成开阔的草原。这种变化带来的是动物种群的更新换代——从鹿这样孤独的食草动物变成了野牛和羚羊这类成群的食草动物。作为人类，我们也会相应地改进打猎的武器。我们之前使用的矛适用于树冠遮天蔽日的环境，但在开阔的环境中就不再适用了，因为动物可以轻易地发现猎人，进而逃跑。也许，这时候我们需要的是轻便的矛和刺刀，这样我们就可以从远处发射武器并实施捕猎。

回到刚才的话题，也许收益的差异并不明显，这样的话你只要坚持当前的行为即可。导向性变异有两个同等重要的因素：一是在一代内发生的重复多次的个体层面的学习过程，二是对应的代际间的学习过程——定向变化（无偏差传播和个体学习）。两者都是个体决策的重要组成部分。人类在与其他物种的互动中会出现许多无偏差学习的有趣实例，像是美国西部低地的母猩猩可可，它的老师兼饲养员彭妮·帕特森声称它可以认识 2 000 个英语单词以及 1 000 多个 "大猩猩手语" 单词。维也纳边牧贝齐认识 300 多个单词，边牧蔡斯的词汇量超过了 1 000 个。一只名为里科的边牧也被发现有相似的天赋。德国莱比锡马普进化人类学研究所的尤利亚妮·卡明斯基和她的同事对里科进行了研究。

来源：曼努埃拉·哈特林，路透社

在语言习得的过程中，孩子们看到新词时会快速对这个词的意思形成大致的假设,这个过程被称为"快速映射"。卡明斯基团队的研究表明,里科也掌握了快速映射技能。它认识200多个不同物品的标签——照片上是它和它最喜欢的东西,更令人吃惊的是,它可以通过排除法推测出新物品的名称。听到指令后,里科能够取回放在熟悉的7个物品旁边的新物品。用人类的话来说,它会浏览所有的物品,然后做一番思考:"我知道其中7件东西的名字,但是从没见过旁边的那个。那个一定就是他们口中的那件东西。"

里科是条聪明的狗,但是再"聪明"的动物也无法与人类相比。心理学家保罗·布卢姆指出,儿童的词汇表按类型分类,如人名、物品名、动作名等等,而里科只认识它感兴趣的东西,比如球和玩具。此外,一个9岁的儿童认识几万个单词,每天还要学习10个以上的新单词,而里科只认识200个。不过,里科仍然喜欢认识不知道名字的新物体,这点跟年幼的孩子一样。"也许里科现在的行为正是孩童所为,只是它做得还不够好,"布卢姆写道,"毕竟,跟一只9岁的狗比起来,一个2岁的幼儿知道得更多,记忆力更好,理解成年人想法的能力也更强。里科的局限性可能体现在程度上,而不是种类上。"我们完全同意这个观点。

社会学习

虽然里科自己可以向驯兽师学习,但是如果它不是在实验室长大,它就会在群居生活中向同类学习。出于各种适应性的原因,生物采用社会学习的方式。或许最重要的原因就是社会学习给予它们观察同伴行为的能力,让它们有机会观察什么行为可能有效,什么行为可能没有意义。这种能力让它们能够滤除一些低效行为,采用那些看起来回报最高的行为方式。模仿对适应可塑性的影响不仅体现在个体层面上,也体现在群体层面上,允许它们利用深层知识库,从而快速适应环境。模仿本身就是一系列竞争策略,因为你可以基于自己对某个人的认知,有选择性地模仿。你模仿的可能是那些看起来比你能力更强的人,也可能是那些优秀的社会学习者以及成功人士。或者,你可能是基于社会标准做的决策,这样你本来就在模仿你周围的大多数人,包括亲属、朋友或长辈。影响你选择模仿对象的因素通常被称为"偏差"——文化变体选择性保留的独特动力。这也就是为什么"偏差学习"这个词被用作某些社会学习策略的同义词。

在统计学意义上,"偏差"这个词是指对随机状态或者"无差别"模仿的偏离。就影响力而言,基于知识或技能水平的模仿和基于随机社会的模仿之间有着巨大的差异。假设你有一个出色的投资人朋友,热衷于向你展示她的亿创理财账目,你会考虑她的专业性而听取她给你的建议,这就是偏差学习。与之相对,把《纽约时报》上列出的信托投资公司名单贴在墙上,然后扔飞镖来决定选择哪一家,类似这样的行为就不是。模仿你的投资人朋友是一种间接偏差——学习者基于成功或声誉等标准选择其模仿对象。还有一种偏差是一致性偏差或频率依赖模仿——学习者往往模仿最常见的变体,这其实是我们最常使用的学习方式。想象一下初为人父人母的你走进一家托儿所,看到所有的婴幼儿都在地板上爬,几乎无人照看。他们不是在舔勺子,就是在把黏胶玩具压扁在地板上。这时候你想给自己的孩子买点儿什么东西,但是又不能问这些婴儿勺子和黏胶玩具哪个好。环顾四周,你看到有 8 个婴儿都在舔勺子,只有 2 个在玩玩具,所以你就用手机在网上订了个新勺子。这就是频率依赖模仿。顺便说一下，亚马逊早已为你完成了按销售量对产品进行排序的工作。

模仿和效仿

像《逃离地下天堂》或者《美丽新世界》这样的反乌托邦故事往往把未来描绘成一个极其墨守成规的世界，每个人的行为都是一系列预先设计好的模仿行为。人们模仿的到底是什么呢？这个问题对文化进化来说十分关键。是引发后果和制定决策的一系列行为，还是事物本身？这种二元对立在模仿和效仿的区别上得到了体现：模仿是动作形式的复制，而效仿是对动作结果的复制。这种区别听起来很清晰，但它的实际运用情况是怎么样的呢？我们通过一个有详细记录的案例探究此问题。1953年9月的一天，在日本西海岸的鹿岛上，协助饲养猕猴的一位老师发现，有一只年轻的母猴在吃红薯之前会把红薯放到水中，将表面的沙子清理干净。这只猕猴后来被起名为"伊茉"，在日语中是"土豆"的意思。据说，这种做法似乎是它的原创行为，因为之前从没有人见过有猕猴这样做。不同于伊茉，它同群落的其他猕猴吃红薯时是用自己的手来敲掉沙子的。不过，当其他猕猴看到伊茉洗红薯，这种创新行为就会沿着两种不同的路线在鹿岛的猴群中传播开来：一是亲属关系，二是游戏玩伴。首先开始这样做的是伊茉的母亲和兄弟姐妹，然后学会这种习惯的是跟伊茉只有一岁之差的猕猴。到 1962 年的时候，两岁以上的猴群中有 3/4 的猕猴都学会了洗红薯。起初，这种清洗是在小溪流的淡水中进行的，但是在代代传承的过程中，猕猴们开始把红薯搬到海岸边。它们不仅清洗红薯，而且会把红薯浸泡在海水里，这么做可能是让红薯获取盐分，从而达到增加风味的目的。这是模仿或者效仿的例子吗？也许现在这么说有点儿牵强，让我们再看一个例子。

佐治亚大学灵长目动物认知和行为实验室主任多雷·弗拉加齐长期研究生活在巴西稀树草原的卷尾猴。这些猴子的生计追求之一就是用大石头做锤子，用石头或原木表面做砧板，敲开坚硬的棕榈坚果。这可不是一项简单的任务，整个过程站姿要正确，坚果要放在砧板的合适位置，敲击的角度要合适，才能确保坚果不会飞溅。敲坚果是成年卷尾猴一年到头都在做的常规工作，但对幼年卷尾猴来说难度还很大，尽管它们从小就开始练习，并且已经花费了大量的时间和精力观摩长辈的敲击现场，并常常用一些小坚果和小石头来练习敲打动作，但是它们很少能够敲开一整颗坚果。成年卷尾猴习惯在敲开坚果后留下一些物理痕迹——石头上飘散着油香的残渣，以及散落在敲击处的坚果壳上的碎仁。对幼年卷尾猴来说，这两种东西很有吸引力。它们一点儿一点儿地啃食里面的东西，随便把果壳放在什么物体的表面上敲击，让果壳与果仁分离。

来源：巴思·赖特，卷尾猴行为学项目

此外，成年卷尾猴还把使用的工具留在周围，这些东西会吸引幼年卷尾猴，还很有可能促进它们大脑结构的发育。通过直接地、碎片化地模仿其他猴子的行为，幼年卷尾猴能学会敲开坚果或者提升技能吗？坦白讲，这很难说。虽然成年卷尾猴敲击坚果可能会增加模仿者的技能，但是仅仅简单地把石头砸向坚果还不足以敲开它。弗拉加齐指出，即使幼年卷尾猴准确地做出了所有的相关行为，而且顺序也正确，但是要成功敲开一整颗坚果可能还需要一年或者更长的时间。

石器打制者伍迪的传奇技法

与大多数灵长目动物学家的看法一样，我们认为黑猩猩既可以进行复杂的模仿，又能兼顾多种形式的社会学习和个体学习。有充分证据表明，黑猩猩会依据各种因素，从这些策略中做出最具适应性的选择。在这些混合模仿策略中，最有趣的一个例子不是来自黑猩猩，而是来自人类，它与一批克洛维斯矛尖的交易有关。1.33万到1.25万年前，这些矛尖是北美洲的猎人在捕获大型猎物时使用的工具。这些矛尖呈披针形，有凸尖、凹底和底部凹槽。

其中，凹槽长度是矛尖长度的1/4到1/3。打制克洛维斯矛尖是一个复杂的手工过程。这个过程需要人们投入大量的时间和精力进行有效学习。因此，我们猜想这些工具打制者的技术水平有很大的不同，而且被大家公认的匠人可能相当有威望。

来源：夏洛特·佩夫尼，美洲原住民研究中心

随意走进一家手工艺品市场，都可以见到价格从几百

美元到 5 万美元不等的克洛维斯矛尖，一些尺寸特别大或者非常漂亮的价格更高。很多年以前，一位新墨西哥州的手工艺品收藏家购买了几个克洛维斯矛尖，这些矛尖看起来很像是来自很多年前发现的一个矛尖出土点，为此，这位收藏家还支付了很大一笔费用。在购买之前，他曾请许多知识渊博的收藏家和考古学家帮忙鉴定，专家都认为是真品。但是，他们错了。事实上，这些矛尖是由手工艺人伍迪·布莱克韦尔打制的。布莱克韦尔在石器打制领域非常有名，因为他能够把克洛维斯矛尖打制得跟原始匠人打制的那样轻薄、漂亮。布莱克韦尔将科罗拉多州克洛维斯出土的矛尖作为仿制对象。认出这些矛尖为仿制品的人是辛辛那提大学的考古学家肯·坦克斯利。他在一些矛尖的片状瘢痕处看到了极少量的格鲁吉亚红黏土。他意识到布莱克韦尔曾把黏土当作磨石机里的缓冲区，在上面轻轻地滚动矛尖，磨平瘢痕处的锋利边缘。对于那些古早的矛尖来说，这些自然矿物质数千年来都充当着磨石机的角色。后来人们发现布莱克韦尔也曾用一种巴西石英作原料替代格鲁吉亚红黏土。不过在出售的时候，人们都认为这只是来自北美洲西部某个地方的石英，是大家不熟悉的材料。大家都知道布莱克韦尔是个优秀的石器打制者，但是他真的优秀到可以糊弄专家吗？很显然是的。

这个故事后面的发展更加有趣。多年后，在史密森尼国家自然历史博物馆工作的萨布丽娜·肖尔茨和她的同事们都想看看北美洲的克洛维斯矛尖的磨削标准到底是怎样的。虽然各个地区克洛维斯矛尖的形状可能不一样，但是从未有人测量过磨削痕迹的变化。这个研究团队开发出了一种新奇且精巧的方法，可以测量瘢痕形状，并且对39个原始克洛维斯矛尖进行了测量。为了增加乐趣，他们还在其中混入了11个布莱克韦尔的仿制品。在对这些矛尖进行初步检查之后，调查组采用主要成分分析的分类方法找出了导致片状瘢痕外形发生最大变化的变量。无论这些矛尖出自北美洲的哪个地方，大部分矛尖瘢痕的外形都呈现一种固定的样式，但是它们中间有几个的样式却相差甚远。猜猜它们是哪些矛尖？没错，是由伍迪·布莱克韦尔打制的。虽然它们当中不是所有的都有差异，但有一些确实是有差异的。这是因为尽管布莱克韦尔有时能够复刻出克洛维斯矛尖打制者磨削瘢痕的样式，但还无法做到始终如此。正如他后来与某位记者说的："我经常停下来，看着一片矛尖感叹：'要是我刚刚停下来，那么这个矛尖看上去就像真的德雷克式克洛维斯矛尖了。'但在意识到这点前，我还在继续打磨，清理边缘，让矛尖更光滑，对它加以修饰。我打制的矛尖缺失了原始矛尖的即时性和质朴感。"

当然，布莱克韦尔仿制的矛尖样式之所以不能做到前后一致，是因为他在1.3万年后才出生，没能跟克洛维斯的匠人一起工作。换句话说，他是个仿制大师，但也只是一名一般的模仿者。对于每一个仔细研究过这些矛尖的收藏家和专家来说，原因也是一样。他们虽然都关注到矛尖的形状会有很大差别，却不知道瘢痕磨削的过程也有细微的差别。克洛维斯矛尖的形状和克洛维斯矛尖磨削痕迹的样式受不同形式的学习和传播过程的影响而变化，对此我们不应感到惊讶。矛尖的样式是一种"结构完整性"。在这个完整的结构中，关键部分更保守，因而相对于其他部分来说，它们更不容易改变。这种现象在文化的其他方面也有体现。

高尔顿的问题

动物能够学到的东西的多少以及它们学习的方式是由

基因决定的吗？同类动物的不同群体会进化出不同的行为吗？还是说，边牧无论在哪里长大都会表现出类似的特点？或者，反过来说，与其他群体相比，同一个群体适应度的改变最终会导致其成员采取不同的决策方式？这些问题对人类也适用。实际上，在人类学和考古学中，类似的理论比比皆是。这些理论，有的描述了观念如何在两个群体间传播，有的阐释了群体间的学习过程，还有的解释了两个群体如何独自进行发明创造。虽然这些都是对社会学习的合理解释，但是它们有一个固有的问题：如何确定这是发生在群体层面的社会学习，而不是两个各自独立的群体就同一个问题产生了雷同的解决方案呢？

这被称为"高尔顿的问题"，以查尔斯·达尔文的表弟弗朗西斯·高尔顿的名字命名，对于此问题的讨论始于1888年英国皇家人类学学会的一次会议。在这次会议上，高尔顿坐在听众席，现场聆听了爱德华·泰勒（我们在第1章提到过）的论文报告。回顾一下，泰勒搜集了来自各类社会群体的一系列特征，他认为这些特征都与他的看法相符，即社会复杂性是分阶段的，群体在经历这些阶段的过程中取得发展。高尔顿指出这只是一种可能性，根据泰勒提供的证据，我们不能排除借鉴或者共同血统的相似性。要解决高尔顿的问题，需要了解群体之间是如何相互关联或者互不关联的。

动物学习也面临着同样的问题。同一物种的动物，也会采取明显不同的学习和决策方式吗？我们都知道，黑猩猩无论出身何处都属于同一物种，因此，任何显著的行为差异，比如群体 A 和群体 B 之间的差异，可能都不仅仅是遗传的产物。大约 20 年前，安迪·怀腾和珍妮·古道尔等行为学家对坦桑尼亚贡贝国家公园的 6 个非洲猩猩群体进行了长期的研究，这项工作也成为灵长目动物研究的典范。这 6 个群体，东非的 4 个属于一个亚种，西非的 2 个属于一个亚种。他们发现了 39 种不同的行为变体，包括使用工具、打扮、求爱等。这些行为在一些群体中司空见惯，但在其他群体中却很少出现。值得注意的是，与两个亚种相关的群落之间的模式差异与亚种之间的差异一样大。这个发现更加确认了黑猩猩以及其他灵长目动物有维持社会环境的文化（我们也可以称之为传统），在这种环境中，新的行为可以在一个群体中被习得和维持。

在《逃离地下天堂》中，机器人博克斯受困于自身的程序，重复着过去有用而现在没用的行为。"定期储存程序，"博克斯重复道，"就像其他食物。没有新的食物了……他们就可以替代。所以,我要把他们储存在这里。我准备好了。你准备好了。冰冻你就是我的工作。"与博克斯不同,人类文化可以通过混合学习策略得到发展进化,以满足新环境的需求。而且与其他动物的学习活动不同,人类有着超强的累积学习的能力。这种快速获取和保留知识、忽略看似过时知识的独特能力正是人类能够适应各种不断变化的环境的原因。做决策就像攀登不断被侵蚀和改变的崎岖景观。现在最有效的方法以后可能就不再奏效了,甚至什么是现在最有效的策略也难以定论,你必须先找到它,这就是适应度景观的全部内容,我们将在下一章对其进行探讨。

第 5 章 舞动的景观与红皇后

从二三十年前开始，宽带成为像水和电一样重要的生活必需品，现代经济景观也发生了巨大的变化。在密歇根州，当底特律社区技术项目的志愿者为尚未接入无线网的社区安装无线通信基础设施后，这些社区的求职者在找工作时再也不用去拥挤的公共图书馆抢公用计算机了。一位社区服务主任在接受《纽约时报》采访时说："没有宽带网络就像打仗的时候没有武器。"虽然可以免费使用 Wi-Fi，但那些使用旧式手机的人明显处于劣势，因为几乎所有工作和教育的应用程序都需要在线操作，而且通常需要用到 Java 或者某些下载好的应用。在现代经济景观中，无线网络和网络沟通技巧会影响一个人摆脱贫困境地的能力。

这里我们需要引入一个新的概念——适应度景观。这一概念由美国遗传学家休厄尔·赖特于 1932 年提出，用于描述生物体在具体环境中的适应度。在这一景观中，每个位置都代表特定的基因型，景观高度越高代表适应度越高，景观高度越低代表适应度越低，甚至为负。我们可以把这种隐喻性的景观拓展到对基因以外的事物的理解上，用它来理解各种复杂进化中的适应度系统。在这种基因模式下，景观图上的一个具体位置就是特定问题的解决办法。某个位置的高度代表了解决办法的有效性，而那些性质相似的解决办法则处于相邻的位置。

　　我们复杂实验室的同事讨论过一个早上通勤交通方式的选择问题。上班有很多种交通方式可以选择，比如坐飞机、游泳、开车或是乘公交等。我们可以画一个适应度景观图来呈现这些交通方式，并基于时间或成本等衡量其优缺点，给每种选择赋值。高峰值代表最佳的出行方式，次峰值代表次佳，谷值代表最差的，甚至可能完全不奏效的方法。各种交通方式带来的效果越相同，峰值高度的差异就越小。例如，开私家车和开货车去上班这两种交通方式的峰值可能一样，位置也会紧挨在一起。差异很大的出行方式，像是游泳和坐飞机，它们的位置势必也会离得很远，而且景观图中的适应度峰值高度也会相对较低。因为坐飞机需要高额的费用，所以，除非你住在洛杉矶却在达拉斯工作，不然这种交通方式就不是最佳的通勤方式。步行可能介于这两者之间，当通勤距离是大城市的几个街区时，其适应度峰值的高度可能很高；而当通勤需要徒步5公里的时候，其适应度峰值的高度又会很低。

就我们的史前祖先而言，我们可以把使用了150万年的更新世时期的石器阿舍利手斧当作模型，想象一种更简单的适应度景观。分布在非洲、欧洲、西亚等地的手斧形状虽各不相同，但总体上差异并不是很大。以阿舍利手斧为模型，我们会看到许多高度接近的矮峰，而且在很长一段时间内，这种景观看上去不会有什么变化。

来源：彼得·A.博斯特鲁姆，石器制造实验室

再以晚些时候出现的旧石器时代的猎人为例，他们开始制造石矛尖而不是手斧。现在我们用适应度景观代表矛尖的设计，峰值的高度代表矛尖用于狩猎的功能效果。如下图所示，因为三位猎人开始适应性行走时采取的计划基本相同，所以他们在这个景观图上的起点一致。但由于采取的计划不同，三人的轨迹逐渐出现了差距。有两人在景观图上缓慢移动，然而，第三位猎人在关键的位置做了突破性的改进，从而一下子跳跃到了附近山峰的峰顶。这位猎人的突破性改进相对优于同行二人所做的渐进式改进，而且随着他自身的持续努力，他在景观图上从一个高峰跳到另一个高峰，每次跳跃都能让他处于更高的位置。与此同时，中间的这位猎人不甘落后，他按照自己的计划，一路攀爬跳跃，通过更多的步骤，最后在景观图上最高的山峰落脚，然后又努力前往最顶端。所处位置最低的这位猎人开局还不错，只是后来在进行自我改进、爬到最高峰的半山腰之前，选择了一条通往更低适应度值的路。

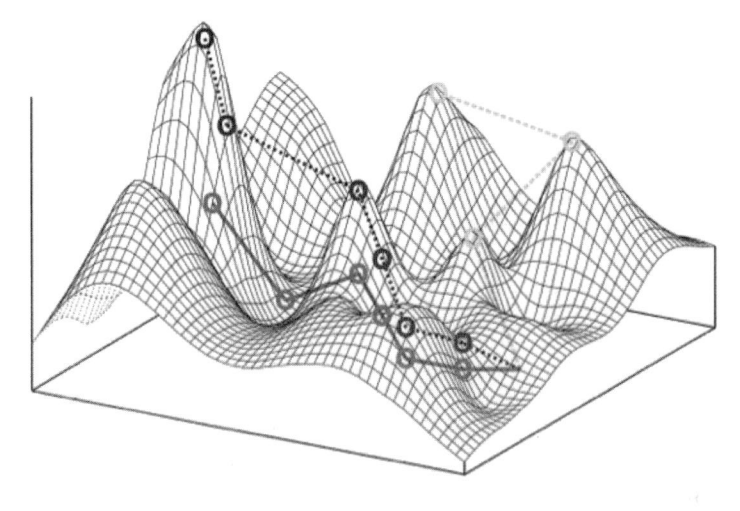

来源：兰迪·奥尔森

现在，我们可以想象这样的情景：这三位猎人也在通过共享自己的位置——"嘿，我在这儿！"——在未知的适应度景观图中互相协作探索。自然，他们的孩子也会以父母到达的顶峰为起点继续出发，很可能会爬到更高的山峰。这一过程体现出了文化知识和人类独有的能力，即大量积累各代所学社会知识。人类的文化传播有时也呈现棘轮效应——改变和进步逐步累积以实现全人类的跨越式前进。

崎岖的景观

到目前为止，我们已经了解了一些简单的景观，但是我们还需要进行更深入的讨论。这次，我们不再讨论石器制造这件事了，而是把眼光聚焦在要决定去哪里接受高等教育的高中生身上。在这个景观图中有成千上万座山峰，每座山峰的高度都由学费成本、地理位置、学校排名，甚至娱乐设施的质量等多种因素共同决定。虽然山峰很多、地形崎岖，但是起伏不大。也就是说，学费和住宿费浮动不大，各个院校的声誉每年也都保持着基本的稳定。

假设这些学生都很聪明，他们会在做决定前坐下来思考我们在第 2 章提到的效用、搜寻品和体验品等概念。让我们来复习一下这些概念，效用关注的是你购买某样商品或是做了某些事后获得的满足感。效用函数指的是你在面临一系列选择时，在预算有限的情况下做出能给你带来最大满足感的选择。也就是说，假如你想去耶鲁大学，而且承担得起由此产生的费用，那么尽管这些费用是在本地上大学这个次佳选择费用的 5 倍，你也会选择耶鲁大学，这时决定你做选择的就是对效用的追求。而搜寻品是指你在知道了收益的情况下寻找最低的价格。例如，我们的学生已经从增加收入的角度研究过未来30年内教育的价值，并坚决认为最好的选择就是从美国大学协会的成员高校中选择一所公立大学。美国大学协会由美国60所公、私立高等学府领跑者自行组建，颇具威望，学费又不高。既然上大学在提高收入方面的作用很有限，降低上大学的成本就是很明智的行为了。

高中生们仔细研究了其中的34所大学，并从师资力量、班级人数、留学费用等方面进行比较。正如我们说的那样，他们有见识，会在《美国新闻与世界报道》的线上信息指南等网站上对比各大学。即使是在仔细阅读了网上大量的信息之后，对其进行认真筛选的学生也会感觉自己网罗的信息不够，还不足以让自己做出决定。因为这些决定会影响学生未来的适应度，所以他们决定从中挑选一个大学试读一年，看看这所大学是不是他们正确的选择，如果不是那么理想就可以再换。在这种情况下，他们的选择就是体验品。

不过有一点需要注意，我们这样的假设是把学生们放在了理想的环境中，但是其实大多数人都不具备这样的条件。虽然我们可能知道自己想要上的大学是什么样的，也能确定自己能承担多少费用，但是如何能够拥有如此多的选择和机会？诚然，与上一代相比，这一问题在今天看来更容易解决，因为我们有无数个搜索引擎，还有很多网站。我们只需要输入范围，按下按钮，屏幕上就会出现一个列出了所有可能性的清单。可是，我们又该如何在这个长长的清单中做出选择呢？那些家庭殷实的学生可能会和父母一起来一次靠谱的大学之旅，例如一次公路旅行。在此期间，我们可以参加大学生迎新会，去大学参观，但即使如此，也还有几十甚至上百个没有加以探索的其他选择。此外，网络信息虽然有用，但是我们能够确定搜罗到的信息都是准确的吗？尤其是当各高校处在一个竞争激烈的适应度景观图上的时候（见下文），它们总是展示自己最好的一面，比如放出一些照片，呈现学生穿着校服去上课、开学第一天教师张开双臂迎接学生、球迷在一个拥挤的足球场振臂欢呼等场景。我们都期待看到网站告诉我们学校的真实信息。比如，"我们在自然科学上的实力还行，在人文学和工程学上一般，但在音乐上的实力真的很强。虽然宿舍看上去挺好，但是你既定的饮食计划可能会缩水，因为这里的饭菜不太好吃"。

变换的环境

尽管我们的高等教育景观越来越复杂了，图中高峰林立，但情况并非难以预测。然而，假如我们把持续改变的变量考虑在内，绘出由斯图尔特·考夫曼首度提出的动态适应度景观和生物学家斯科特·佩奇提出的舞动的景观，会发生些什么呢？峰值和谷值都在随时间的推移而波动，甚至会随着环境的剧烈变化而起伏、消失，或者再现。虽然行动者不得不屈从于景观的变化，但是在尝试适应的过程中，人们的行为不仅会不断受到持续变化的变量的影响，还会受其他行动者的影响。人类面对他人行为所做出的回应一直是文化演进过程中的一大变量，但在舞动的景观中，这一变量却被放到了最重要的位置。在舞动的景观中探索，就像在赌场中比较老虎机，每台机器都设有不同的奖金数额。这里的赢家策略是"探索—开发"：玩一会儿某台机器后再玩另一台，找到可以获胜的那台后对其加以利用。假定老虎机的位置固定，那么随着时间的推移，采用这种方式赢的钱要比一直不停更换老虎机，或是永不更换多。但是，如果赌场改变机器的奖金数额呢？那么即使玩家找到了更好的机器，也要以一定的速度继续探索。进一步假设赌场改变奖金数额的速度持续加快，快到几乎不可能跟上，这就是舞动的景观。在这一景观中，为了保持竞争力，一个人探索的速度必须越来越快。这让我们想起刘易斯·卡罗尔的作品《爱丽丝镜中奇遇记》中的爱丽丝。红皇后告诉她："你看，在这里，你要用尽全力奔跑才能保持停留在原地。如果你想去其他地方，你必须至少用两倍的速度！"

对于那些想要在高等教育景观中找到一个最优选的高中生来说，红皇后的建议有什么作用呢？他们需要综合考虑教学水平和学费两方面因素，找到一个对自己或者父母来说最优的选择。正如我们看到的，美国的教育形势日新月异，可能不少人都会对这一问题加以思考。首先面对的问题就是入学，尽管每个人都想获得经济能力可承受范围内最好的教育，但是被理想的学校录取不仅仅是用钱就可以办到的。不仅高级私立学校是这样，在公立学校就读也要面临激烈的竞争。在得克萨斯州，如果你想上得克萨斯大学奥斯汀分校或是得克萨斯农工大学这两所一流公立大学其中的一所，你的高中毕业成绩要名列前 6% 才会比较有把握。也许学生们会质疑，去年的要求只是 8% 到 10%

啊？是的，去年确实是，但是景观发生了变化。很显然没人告知他们。网站上也不会展示此类信息。这些网站只会告知你要提供申请费、成绩单、学术能力水平考试或是美国大学入学考试成绩、个人论文、推荐信等等。

高等教育景观在不断变化，由于风险和收益的不确定，我们的学生对自己的决定和推测也没那么自信了。他们把所有变量都考虑在内了吗？购买图书、交通费用等教育过程中的附加成本都被计算进去了吗？如果在校外住宿，两年的房租和伙食费要花费多少？如果选择在本地院校就读，与住校或住校外公寓相比，走读的成本又会便宜多少？（答案是会节省非常多。）如果他们放弃校园生活，选择在家居住呢？（这样会节省更多。）不过，或许最重要的是，在计算成本的时候，他们能确定自己会负债多少吗？如果出现联邦担保的学生贷款减半的情况，要如何应对呢？又或者，他们计划去读的大学的所在州削减高等教育预算，学费上涨25%，他们又该如何准备？这种情况在过去10年里越来越常出现。

一些年前，NBA球队达拉斯独行侠队（原达拉斯小牛队）的老板马克·库班买下了一个网站：collegedebt.com。这是一个极简主义的网站，只展示三类信息：美国汽车贷款总额、信用卡贷款总额、实时更新的学生贷款总额。这些数据让人大为吃惊。2018年6月的数据显示，学生贷款总额为1.6万亿美元，汽车贷款总额为1.2万亿美元，信用卡贷款总额为1万亿美元。虽然这些数额都远低于美国9万亿美元的抵押贷款总额，但还是让人担忧。

学生并不是唯一一个需要通过这个高度复杂、不断变化的高等教育景观的群体。高等院校等教学机构同样在面对着这种变化和挑战。不过，近几十年来，高等教育机构面对的情况十分稳定，很容易就能占据优势地位。它们能够精准地计算投入和产出，包括入学学生人数、教学成本投入、毕业率等等。当然，也会有一些意外情况和极端事件，比如校园暴动毁坏建筑，或者美国大学教授协会在学术自由被限制后对学校进行的制裁，等等。不过总的来说，虽然美国高等教育适应度景观有些复杂，但整体稳定，这种稳定意味着可预测。

然而，让人意想不到的是，在21世纪早期，随着美国高中毕业生人数大幅降低，高等教育景观出现了剧烈变化，院校间的竞争变得异常激烈，甚至残酷。由于就业机会增加，得克萨斯州吸引了许多移民，得克萨斯州高等院校的申请人数也随之增长，但这并不是一种常态化表现。

全美的院校都在采取措施吸引学生就读，各种花样和把戏层出不穷。有一种方法是默默地升高学费，但表面上提供奖学金，这就营造出了一种"学费折扣"的假象："我们会为学生提供覆盖学费 39% 的助学金。"还有一种方式是提高食宿费用，但是对外宣传："第一个月免费！"

另一个迫使各高校快速做决策进行应对的因素来自营利性机构的竞争。尽管这些机构已经存在了很长时间，但真正取得突飞猛进的发展是在 21 世纪伊始，高等教育景观发生改变的时候。这些机构包括我们都很熟悉的菲尼克斯大学、卡佩拉大学、德锐大学、卡普兰大学，还有一些备受瞩目的营利性机构，包括蓝带这样的厨艺学院，但这只是冰山一角。2015 年，美国国家教育统计中心列出了美国 3 000 多所营利性机构。

再过几年，随着高中毕业生人数的减少，教育领域将会迎来更为残酷的厮杀。教育机构会争相向学生提供年限更短、成本更低的教育，传统高校不得不重新评估各自的商业模式。在此过程中，它们会将其他非营利性高校视为竞争对手，试图找到其弱点并加以攻击。在第 7 章中我们会看到美国一所重点高校因为在关键节点上决策失误而成为反面典型，导致之后的竞争愈演愈烈。国家立法机关以及行政机关的加入，进一步加深了高等教育景观的复杂程度，官方纷纷要求公立院校不仅要提供成本价格合理的学位教育，还要形成制度，从而推动生产力的发展。2013年，当时的得州州长里克·佩里甚至要求州立大学至少要开设一些价值 1 万美元的学位课程。

走投无路的情况下，高校只能采用营利性机构的惯用办法，开设海量的线上课程，希望以此来吸引更多远程教育的学生。这些学生更倾向于在家上课，可能是因为距离校园太远，不容易去教室上课。有些传统高校，尤其是没有历史底蕴的高校或者一些小学校，最后不是财政赤字，就是不得不倒闭，或是与其他高校合并。而对于那些不得不去其他地方上学的学生来说，他们会发现自身的适应度高峰突然消失，自己瞬间跌落谷底。

决策，决策，决策。我们看到了高中生想要做出明智选择时面临的困境，也看到了高校在竞争越来越激烈和不断变化的景观上面临的挑战。对求职者和日新月异的技术景观来说也是如此。作为社会科学家的我们能够弄清人民的决策和逻辑，以及这些决策所依赖的适应度景观吗？我们想要的是一件或一套工具，这些工具不仅能解释历史上的故事，更重要的是，这些工具可以帮助我们在面临复杂多变的景观时厘清思路。事实证明，确实存在这样一件工具。就让我们翻过这一页，看看这个工具到底是什么，又该如何发挥作用。

＃ 第 6 章 ｜ 四象限地图

让我们来设想一下，假如有个人正在亚马逊网站上浏览电子产品，或者想象一下有个史前觅食者正要决定去哪棵橡树上摘橡子。在任何一种情况下，人们都会面临很多种选择，而影响决策的因素，主要基于人们在多大程度上能够清晰地掌握这些决策的内在效用和社会效用。内在效用是指某物对你个人的价值，比如橡子所含的卡路里、智能手机的实用功能。社会效用是社会普遍认为它所具有的价值，主要来自喜欢或是已经选择了这件东西的其他人。举个例子，居住在橡树周围的大多数狩猎采集者都明白橡子能消除饥饿这个事实，这种情况就是内在明晰；与之相对，在另外一种情况下，我们周围到处都是盯着手机看的人，这让我们认为自己也该有个手机，这就属于社会明晰。不过对于哪种型号的手机是最佳选择，或者哪棵橡树的橡子最好这样的问题，我们很难通过个人的角度来判断。但如果所有的狩猎采集者都朝着某一棵树奔去，我们可以借此推测，这棵树是很好的选择，那么你也会跟着他们一同前往，这棵树就有最好的社会效用。同样，虽然亚马逊会向你推送朋友手上最新型号的苹果手机，但内在效用要和社会效用共同作用，才会促使你产生换掉旧手机的想法。

在上面两种情景中，选择的可预测性不仅由内在效用和社会效用决定，还取决于这两种效用的透明度。让我们先来想象一个场景，某样东西的内在效用重要而显著，比如你家的马桶堵了，这时候一个搋子的重要性就不言而喻了，你火速前往五金店，看到第一个搋子就买下，然后飞快地冲回家，赶快疏通马桶。在这种需求十分明确的情况下，比起五金店陈列的其他商品，如螺栓、油漆、接线盒、花园鼬鼠等等，位于第六排的厕所搋子有着显著的功能性。在店里所有的工具中，你选择那把搋子的概率突然变成最大。与之相关，在这些等待被选择的物品的适应度景观图上，搋子也位于最高峰。换句话说，效用和适应度这两种景观实际上是重合的，除了位于顶点的搋子，其他物品所处的位置高度几乎为零。在这座山峰之下确实有些矮一点儿的山峰与之相连，它们可以是一些能起到疏通作用的物品，比如软管或某些化学制品。但是很明显，主峰，即效用最高的选择是搋子。

现在，我们讨论一下你不去五金店，而是冲向摆有几排搋子的卫生间用品专卖店，或者干脆这样说，换了一种情况，你不知道搋子是可以疏通马桶的。不论哪种情况，内在选择的透明度都会更低。你不是盯着50个不同的搋子，试图决定买哪一个，就是翻遍家里的橱柜，寻找任何一种可以疏通马桶的东西。在透明度较低的情况下，效用差别不再那么容易区分，选择各种工具的概率也会趋于相等。在零透明度的情况下，概率是一样的。也就是说，选择是随机的，选择任何一种工具的可能性都趋于相同。不过即使概率相等，马桶搋子仍是最好的选择。我们面临的只是选择哪一个的问题。

以上讨论的只是内在效用。如果我们把社会效用放回这些情景中，那么效用问题就会变得显著。清晰地了解内在效用和社会效用之后，位于最优选择顶峰的人会大声呼喊："嘿，来这里！"清楚社会效用但不知道内在效用的人就像在迷雾中探索，没有目标，总是喊出"哦，在那儿"，实际上，距离最优选择顶峰还很远。想象一下这样的场景，因为"人人"都说流感疫苗很危险，所以整个社区的人都拒绝接种疫苗。多数人的选择在一个位置，而人人都接种疫苗这个最优选的适应度顶峰在其他的位置。

这是社会效用高而内在透明度低时可能发生的情况。在社会影响导致扎堆现象时，多数人的选择通常不是最优选择。选择的概率分布把自身与内在适应度景观区分开来。碰巧，我们设计的二维地图可以用来呈现这种情况。一个维度用来表示学习过程中社会影响的程度，另一个维度用来表示社会学习或个体学习的成本和收益的透明程度。这两个维度本质上是受社会影响的离散选择理论。离散选择意味着我们正在研究的不是像"多少钱"这种连续性的选择，而是与之相对的"非此即彼"的选择。

地图

简单来说，地图的横轴表示学习，纵轴表示决定及其后果，也就是成本和收益之间关联的程度，越向北关联就越明确，反之就越模糊。让我们先仔细观察一下象征学习的东西轴，也就是横轴，它的西端代表纯粹的个体学习，东端则表示绝对的社会学习。两个极端的中点则可以表示同时重视个体学习和社会学习，或者在这个位置的个体同等重视自身经验和其他方面的情况。

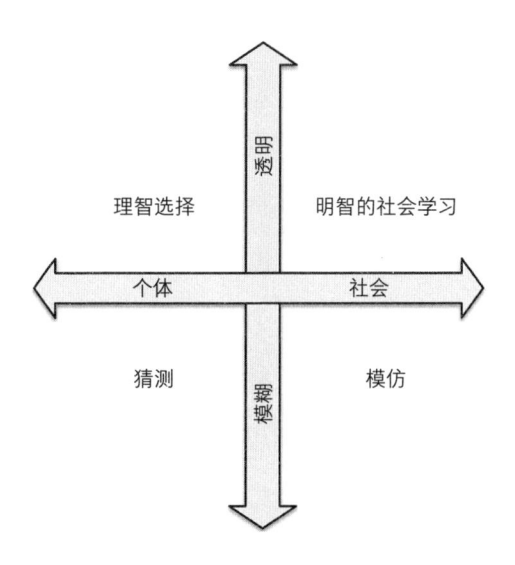

```
              ↑
              透
              明
    理智选择       明智的社会学习
  ←——————个体——————社会——————→
              模
    猜测     糊     模仿
              ↓
```

南北轴象征选择结果的可见度，可见度从南到北逐步提高。越向北端，人们的决策与景观越协调。在最北端，我们可以清晰地看出哪种决定最好，哪种次之。越靠南，选择越不清晰。最南端的选择结果是完全无差别的，或者是完全混乱的。在这里，任何选择都有可能出现。不过，尽管这些选择的可能性相同，但其结果却是大不相同。很多原因会造成无差别或混乱情况的出现。例如，人们的信息量太少，或者面临的选择太多了。

我们喜欢这张地图，因为它提炼了大量的决策场景，并将影响因素归纳为选择的透明度和社会影响。当然，代价就是我们必须做出过于简化的假设。首先，人们并不知道在获得长期满意度、健康甚至生存方面什么对他们是最好的。即使在地图的西北象限，善于研究环境的理性主体也并非无所不知。例如，欧洲新石器时代的农民是适应环境的专家，但他们永远不会预测到他们的后代有一天会因为他们的奶酪制作而变成乳糖耐受人群。其次，由于不具备精准的认知尺度，我们也没有对学习与决策这两个概念进行准确区分，而这种良好的、精细的认知区分，很可能是非常有意义的。最后，虽然这幅地图表示的是连续空间，但我们仅能以四个象限为区分——西北象限、东北象限、西南象限、东南象限。各个象限分别代表了不同的决策和我们的预期经验模式。这种模式通常可以从一段时间内所有不同选项受欢迎程度的数据中看到。接下来，我们探究一下这幅地图的各个象限。

西北象限：有明显收益的个体决策

在西北象限，人们根据明确的即时回报独立地做出决定，比如冲到五金店买撬子。新古典经济学的理性行动者就在此象限，他们总是选择那些可以带来最高收益成本比的选项。再往南一点儿，但仍然在西北象限，我们发现，决策总是根据"有限理性"做出，这个术语最初被行为经济学家丹尼尔·卡尼曼使用。在这种情况下，最大化选择的收益会受到现实世界中不完善知识的限制。就适应度景观而言，我们在西北象限可以找到诸如奖励驱动的不断探索和有限理性这样的"爬山演算法"。

就数据模式而言，位于西北象限意味着产生最佳回报的行为应该成为最受欢迎的选择，直到环境发生变化。例如，当沃尔玛在一年中最大的购物日"黑色星期五"开门时，父母会疯狂地挤来挤去，甚至可能会拳脚相加地挤着去购买这个季节最受欢迎的儿童玩具。如果是在 2017 年，他们会先去第四个通道抢手指猴，这是当年最热门的玩具。如果手指猴售罄，家长们就会转身去第五个通道买第二热门的玩具——哈驰魔法蛋。假如这些玩具全部售光，他们又会冲向第七个通道，去买 Dropmix 纸牌玩具游戏……行为生态学家将这种现象称为理想自由情景，行动主体首先会去寻找最好的资源区域，比如先去鲑鱼洄游的河湾，如果那里没有，就会去寻找下一个最好的资源区域，也就是下游更远的地方，然后是次优的区域，以此类推。

随着时间的推移，这种理想自由情景会呈现一种简单且可预测的选择模式：一样东西卖完了，接下来就轮到下一件，再下一件。当人们面临选择的时候，会遵循一个基本模式：当某种物品刚一进入选择市场时，人们会扎堆对其进行选择，而当物品越来越少时，其被选择的机会也会减少，比如玩具被卖光时，钓鱼地点被全部占据时，或者还没有看过大片的人越来越少时。随着时间的推移，累积选择（如总销售额）的曲线被称为"r曲线"，因为累积数量在开始时增长最快，然后趋于平稳，形成一个"r"。

另一种曲线也很重要，那就是分布在均值附近的选项。比如，第四个通道的手指猴旁边还有很多种手指玩偶。手指猴可能是家长们最想要的对象，但是它附近的那些玩具也是一些接近理想选择的选项。如果我们尝试量化地描述这些玩具的特征：尺寸、动物类别、材质等等，那么在销售额分布图中，满足所有特征的手指猴销售额最高，随着特征远离理想状态，销售额也逐步下降。这实际上是一种研究史前石器的方法，它的各种尺寸被测量和量化。围绕理想尺寸，我们可以得到一种高而窄的钟形曲线。我们在第 5 章讨论过的阿舍利手斧，在大约 150 万年的时间里，它的形状一直没有改变，这意味着它的钟形曲线的尺寸几乎保持不变。原因在于，人们会根据物品本身明确的物理性质进行个人选择，如果这些性质随时间改变，那么正态分布的均值也会随之改变。

东北象限：明智的社会学习

与西北象限不同，东北象限的行为是通过社会互动传播的。人们通过大量的社会过程来了解新的行为方式，理解其合理性。在 2007 年，很多人还在使用诺基亚手机。当发现既能触屏操作，又能下载各种应用程序的苹果手机时，他们就会很自然地产生购买苹果手机的想法。苹果手机的社会效用和内在效用都很明晰。在东北象限，随着新事物的出现，人们的交流会日益密切，社会互动可以帮助人们做出更佳的选择。但是，想法由一个人传给另一个人需要时间。接受某种想法的人数会随时间的推移呈现 s 曲线。不同于 r 曲线，在 s 曲线上，接受这种想法的人数一开始增加得很慢，随着想法变得大众化，接受人数增加的速度也会加快，等到大部分人都接受这种想法的时候，曲线便会趋于平缓。

东北象限的一切都是平等的，人们知道哪些人是专家，并能够通过模仿他们做出明智的选择。不过，人口规模可能与人们辨认专家的能力有关，所以我们回避这种说法。当我们向南移动，靠近横坐标时，收益的透明度开始模糊，更多是使用无意识的捷径，只关注一部分可用的信息。一个捷径就是模仿别人的做法，无论是模仿大多数人，还是模仿那些看起来拥有最多技能或声望的人的行为（见第 4 章）。

只要在一个群体中存在一些个体学习和决策——当然，这是指除地图最东端以外的任何地方——最终的结果可能都是一样的，就像所有的学习和决策都是独立的一样。在最东端的边缘，那里没有独立学习，也就不能了解社会实践的循环，因而也就丧失了对外部环境的适应。你所做的一切如果都只是在模仿别人，你可能会在次优选择的顶峰上停滞不前。就好像，有效的集体捕捞需要有些渔船试着去探索一些随机的捕鱼点，而不是所有渔民都固定地前往常规的地点。

东南象限：人云亦云

东南象限结合了南边缺乏明显收益和东边社会学习程度高但透明度低的特点。选择的透明度低就像景观图上笼罩了一层雾，选择的内在收益，乃至做出这个选择的人的专长都很难辨别。这层雾遮住了适应度景观，因此很难看到向我们招手并让我们去往另一边的人。越往南走，雾越浓。在东南象限，你只是在雾里随机模仿身边的人，好像所有人都指着其他人说："我会拥有他/她现在拥有的东西。"

我们看到在东南象限的数据模式中，流行度分布图看上去就像亚马逊图书销量的"长尾"效应。大部分图书的销量很低，销量很高的只是少部分图书。这就是所谓的"80/20"法则，也就是说，一两本畅销书的销量可能已经占到了上千种图书总销量的一半。我们在东南象限看到的另一种数据模式是随机流行，即对某一时刻流行度最好的预测就是在以前的流行度上加一点儿"噪声"。没有最好的选择，只有当前最流行的选择，因为这些选择会不断被其他排名靠前的选择取代。

因此，东南象限可以被视为一个随机模仿的过程。不过，这并不是说这里的行动者完全是随机行动，真正的意思是，对于大多数人而言，他们的偏见和个人理性会相互抵消，显得行动者好像对某种流行行为一无所知。我们需要对以下两种情况加以区分，即随机模仿选择和模仿其他作用者的决策。正如我们后面会看到的那样，随机模仿选择属于西南象限。东南象限还是存在一定程度的个体学习和思考的，至少个体学习是决策的一小部分。通过个体学习，5%的作用者会选择一种独特的新变量。

来源：马修·布朗热

西南象限：无明显收益的个体决策

位于西南象限的选择没有明显的透明度，不清楚其社会价值和个人价值，也没有模仿他人做选择的机会，因此这一象限的选择可能靠猜测。一个比较好的可以呈现西南象限情况的例子就是，你总是要自己面对许多看起来毫无差别的选择，比如面对一个列满互助基金的报纸页面。我们在第 7 章会讨论，当对具体情况一无所知时，你该如何选择你的退休计划？这种情况在非西方国家的简单型社会中可能很少出现，但在充斥着上千种极为相似的产品和无数个信息来源的现代资本社会却常常出现。在这一象限，任何选择的受欢迎程度都纯粹是偶然的。换句话说，西南地区的选择就像买彩票，只要这张彩票不断转卖，彩票的买卖权流行度就会上升，彩票买卖的收入就可能相当可观。

半个多世纪前，市场营销科学家安德鲁·艾伦伯格提出了对西南象限的分析预期。当顾客无法分辨不同选择之间的差异时，品牌知名度的分布就是"短尾"，顾名思义，这与东南部的长尾分布有很大的不同。在西南象限，一个选项变得非常流行的概率——分布图的尾部——呈指数级下降。此外，当人们进行猜测时，从一个时间段到下一个时间段的人气排名顺序应该不具有一致性。所以，从五金店选择一个马桶搋子是在西北象限，但从卫生间用品专卖店的 50 个只有细微差异的搋子中进行选择则是在西南象限——除非你是一个水管工，可以辨别这些细微差异。

围绕地图移动

几年前，在为《欧洲商业评论》撰写的一篇文章中，亚历山大、迈克尔与市场研究员马克·厄尔斯合作，指出市场研究员会想知道他们的市场在地图上的位置。我们现在要补充的一点是，真正优秀的市场研究人员会不断地用新的观察结果更新已有的知识，从而对未来的事件做出预测。这就是所谓的贝叶斯推理。正如我们所说的，四个要素——变动、学习、选择和随机事件——带来了人类行为模型的新时代。如果一个市场不再适合西北象限，那么试图预测理性和最佳结果就没有什么价值了。如果市场在东南象限，那么最好将其作为一种保险或安全投资，通过最大化概率、最小化风险和多边投资来应对不可预测性。概率分布、人口规模、发明速度和时间跨度成为随潮流而变化的几个主要参数。营销不仅要满足典型用户的需求，还要关注有多少个相互联系的用户影响着彼此的行为。在这个更大、更人性化的人类行为地图上，必须改变品牌是神圣的等诸多旧观念。

了解东南象限有助于我们解释为什么市场比以往变化更快，而且变化方式更难预测。不可预测性是东南象限的固有特征。通过对照实验，马特·萨尔加尼克、彼得·多兹和邓肯·沃茨发现，人们在单独做决策时，总是选择同种类型的音乐，这是西北象限的行为，但是在可以看到其他人都在下载什么音乐的情况下，他们的行为就跟在东南象限差不多，也就是会变得不可预测。尽管我们周围充斥着毫无意义的决定和社会影响，但是一般的营销人员还是会坚持个人的选择。然而，聪明的营销人员会对这种对自己有利的假设加以利用。比如，假如一个品牌因为无差别模仿在东南象限变得流行，那么为了巩固这种流行趋势，我们可以将这个品牌移往西北象限，并捏造一些原因来解释品牌的成功。或者，出于声誉和品牌忠诚度的考虑，我们也可以把它移到东北象限。然而，被商人们错误地称为"忠诚度"的东西依然在东南象限，仅仅依靠自身的惯性得以维持，但是这种情况注定只是暂时的。销售数据是区分东南象限和东北象限至关重要的指标。

用这幅地图鉴定市场行为的这些例子只是其用处的冰山一角。我们把地图设计得很灵活，人们可以把它作为跨学科交流和全景研究的基础，并随时做出调整和改进。以与商业受众或公共决策者进行沟通为例，南北轴代表的可能是沟通人数从北到南逐渐增加。有些心理学家表明，可以直接用南北轴代表情绪，从南到北是纯感性决策到纯理性决策的过渡。实际上，如果情绪可以代替透明度或选择的强度，这就提供了度量地图维度的一种补充方法。还有人推测，当大脑网络涉及情绪、社会刺激、社交焦虑和自闭的时候，东西维度可以提供研究大脑网络层面神经连接动态的重要视角。无论如何，要让地图适用于决策，无论是史前，还是大数据时代，我们都需要一个极简结构，这样我们就可以添加一些元素，比如通过调查或文本挖掘的方式搜集到的情绪、不同的时间概念、亲属关系或其他文化结构，以及考古记录中几千年来形成的物质文化。

我们之前了解的一些例子是怎么样的呢？他们在地图中处于什么位置？我们已经知道，高中生在择校时根据自身的效用函数以及最优峰的可识别性进行决策。如果他们获得了充分的信息（可能是从互联网上搜索到的信息，或者是从职业咨询师那获取的信息），那么他们毫无疑问地处于西北象限。不过，他们也有可能需要向有经验的朋友询问步骤，参考他们的做法，从而创造自己的效用函数，这样他们就迁移到了东北象限。或者，可能因为选择太多，他们的朋友也没有做出太好的选择，于是他们纷纷开始聚集到东南象限，看看周围的人便说："我会选他们正在选的那座山峰。"或者，高中生可能实在是疲于做决策，便把目标学校列成清单贴在墙上，然后朝清单扔飞镖。此时，我们的学生就在西南象限。

那么汤姆·布雷迪呢？他看上去完全处于西北象限，不会移动分毫。对他来说，适应度景观图上的最优峰一直都很明显，至少在他受聘职业联赛期间是这样的。但是，情况并不总是如此。所有年轻运动员都是通过社交来向周围的运动员，尤其是夏令营中的伙伴学习的。他们匆忙做出的决定可能是来自个体学习和社会学习，但是随着时间的推移，社会学习越来越少，社会教导越来越多。

那么布雷迪的球队新英格兰爱国者队的情况呢？基于爱国者队前 20 年取得的成功，我们认为这支球队也处于西北象限。虽然从他们的成绩比当时任何一支球队都要好这一点上，我们可以看出他们清楚地知道"最优"这个词的含义，但是情况并不总是如此。在罗伯特·克拉夫特于1994年买下爱国者队之前，这支球队自1959年组建以来成绩一直一般，只在季后赛中露过为数不多的几次脸，参加过一次超级碗，而且还在这次比赛中被芝加哥熊队碾压了。虽然爱国者队不是唯一一支找到最优峰的球队，但是其他球队似乎只占据了适应度地形的其他部分。正如我们在第3章所见，行进的群体有很多，各个群体互相跟随，慌慌张张地去了东南象限。

有一种行为我们在第3章提到过，但并没有马上为其命名，这种行为就是"证实偏差和弱反馈循环"。证实偏差是一种错误的选择或错误的信念，这就需要反复的挑战和强有力的即时反馈，诱导快速学习做出最佳选择。这是贝叶斯思想的基础，你需要利用当前环境线索的信息不断更新之前的认知。弱反馈循环的作用正好相反，会导致可怕的红皇后效应。虽然证实偏差和弱反馈循环与社会压力本身没有关系，但正如伊莱·帕里泽所言，这是一个"过滤泡"，通过将你与具有相似偏好的人联系起来，证实偏差就会加强。帕里泽特别提到互联网带来的联结，其实NFL职业橄榄球大联盟的老板和管理层的做法跟这差不多，也是基于熟悉的路径和网络的延伸发展，大家其实都在这么做。只不过大多数球队都不知道，NFL职业橄榄球大联盟也会参考贝叶斯推理去做决策。

下面让我们进入新的篇章，再看几个景观，这些景观与橄榄球无关，只与投资获利有关。罗伯特·克拉夫特和汤姆·布雷迪可以跳过这一章，但是其他人还是要继续读下去。

第 7 章 风险事业

我们应该已经清楚了，决策并不会锁定在地图的特定区域，而是会随着时间的推移和语境的变化不断移动。举例来说，假如你位于西南象限，由于只能依靠自己，你无法区分风险和收益。不过，第二天情况可能就发生了变化，你可能会和知识渊博的朋友聊天，然后决定认真研究这个问题，这时你在地图上的位置开始渐渐北移。或者你独自思索了很久，突然想起以前遇到过类似的问题，然后你把相关经验从长期记忆中调出，转入工作记忆，这时你就去往了西北象限。这里提到的是一些有着圆满结局的故事，但那些结局可能比较潦草的故事呢？让我们再看两个例子。

退休投资计划

我们要讲的第一个故事是从东北象限开始的，这是亚历山大在某所大学开始新工作的第一天。他最初位于西南象限，对新工作并不了解，但是当他从专家那里获取了许多信息后——如何登录计算机、怎么乘坐校巴、去哪里购买球票——他开始迁移到东北象限。这时，他参加了一场以健康和退休福利为主题的会议，在会上，他获取了各种关于退休计划备选方案的信息，也了解了管理这些方案的几家公司。他开始盘算，并被来自三个方面的各种因素的排列组合淹没：不同的公司、不同的计划方案、不同的收益组合，也就是说亚历山大将面临数以千计的解决方案。这也是一个与未来息息相关的决策，有无数不确定的因素可能会影响一个人未来几十年的幸福。尽管在故事的开始，处在东北象限的亚历山大沉浸在一种乐观的感觉中，但在面对如此多的抉择时，他很快就滑向了只能靠猜测的西南象限。

如果你觉得通过向《华尔街日报》公开版上扔飞镖做出的决策就很好，你会很满意在西南象限的生活。但出于对未来的考虑，亚历山大愿意继续向北前行，如果能去到西北象限，就可以通过定向变异从祖先那里继承最优行为，或者就去到东北象限，向专家学习什么是最优的选择。关于未来的规划，西南象限并不是一个适合做出好选择的区域，因为这个地方最重要的进化变量是生殖成功。这时，我们可以回想一下，退休养老方案的选择不仅关乎你的未来，还会影响你的子孙后代。从那些成千上万的方案中选择一个合适的退休养老方案，也许有一天你的后代可以拥有一个信托基金，为他负担常春藤联盟四年的学费。不仅如此，在那里建立的社会网络，也可能会改变你后代的命运。

这可不是什么偶然事件。乔治·沃克·布什总统、他的父亲乔治·赫伯特·沃克·布什总统、祖父普雷斯科特·布什都毕业于耶鲁大学。遗产，既包括文化方面也包括遗传方面，其本质就是生殖成功。罗伯特·卡戴珊曾是辛普森的辩护律师，他的后代深谙此道，就像英国记者马尔科姆·马格里奇所说的，凭借"为了出名而出名"的卡戴珊家族赚足了名利，而这一切都源于有个父亲在最恰当的时候出现在了聚光灯下。当然，从进化的角度来说，曝光绝对可以增强适应能力。著名舞台剧女演员塔卢拉·班克黑德对此规律了如指掌，她说过："我不在乎他们说我什么，只要他们保持对我的关注就好。"

来源：S. 巴克利，Shutterstock 图片网站

让我们再回到亚历山大的入职指导会议。为了去往东北象限，他决定向该大学的财务顾问专家进行个人咨询。他兴奋地请专家为他选择一个合适的退休方案，但专家反过来问他，在每一种计划里面，他会如何投资。有很多选择出现在亚历山大面前，这些选择包括数十只公司管理的基金，如"平衡中型股基金"和"全球增长和进取型卓越基金"，每一种都包括各种各样的股票、债券和衍生品。顾问在给亚历山大的自我评估问卷上问道："你愿意接受

有85%的概率，安全地获得10%的年回报，还是有15%的概率，在某些年损失5%？"这些问卷对亚历山大来说没有任何帮助，他仍然被困在西南象限。

亚历山大走在一条崎岖不平、变化莫测的路上，高峰连着深谷，他的财务命运交由一场一小时的咨询会来决定。换句话说，亚历山大本想通过寻求专家建议获得信息去往东北象限，但仍然只能停留在西南象限，他不得不在看起来极其相似的各种选项中迅速做出决定。亚历山大对于这些选择的后果一无所知，他听从咨询师和顾问的建议，懵懂地在那些看不懂的条款后签字，然后让顾问去参加下一场讨论。这个决策之旅被迫在西南象限终止，重重迷雾掩盖了最优选项。不管是实用功能还是比较优势，一切都看不清楚。别忘了，这些试图去东北象限的"专家"其实是销售人员，他们生活在另一个适应度景观中，他们的选择是基于销量，而不是亚历山大的财务状况。

那些成功的投资人有什么特别之处吗？他们是否掌握着某种通关秘籍，足以碾压其他竞争者，做出最优选择？我们常常听说一些投资人的财富故事，这些幸运儿中有一部分看起来也是普通人。不可否认，有些人表现出一种不可思议的神秘能力，能够押对赌注，但这样的人只是少数。最近的一项调查显示，99% 的短线交易者最终会血本无归。毫无疑问，沃伦·巴菲特是一个例外，你如果想模仿他的投资组合，也是可以的，但巴菲特也不是不败的，他自己也知道这一点。1964 年，巴菲特收购了新英格兰的一家纺织制造商伯克希尔－哈撒韦公司，但这家公司亏损惨重，最终关闭。巴菲特后来称这是他最愚蠢的投资。但是这家公司确实为巴菲特提供了一个平台，用以收购其他公司。通过购买市场定价较低的低风险股票，伯克希尔－哈撒韦公司的投资获得了成功，投资者也获得了丰厚的利润。如果一位投资者在巴菲特接管伯克希尔－哈撒韦公司时，以略高于 11 美元的价格买入一股，并一直持有，他就能看到每股价格在 2018 年初就超过 30 万美元，年化回报率 21%，远高于一般的市场表现。

就让巴菲特成为我们在东北象限追随的专家吧，那里有透明的社会学习。但是，正如我们所见，透明度并不能直接带来成功，不管你是试图复制克洛维斯矛尖还是复制沃伦·巴菲特的成功，都不一定会如愿。很少有人能真正模仿巴菲特，即使是成千上万的人挤在伯克希尔－哈撒韦公司的年度股东大会上，在 5 月的第一个周末来到内布拉斯加的奥马哈，听取巴菲特及其管理团队的意见，他们也很难做出跟巴菲特一样正确的决策。我们打赌，他们中的一些人是优秀的模仿者，他们会赚钱，但没有好的对象可以模仿。他们既没有大量的研究人员可供支配，也没有大量的时间用于研究，但好在他们可以学到一些基础知识，帮助他们做出一些正确的选择。更好的策略是投资伯克希尔－哈撒韦公司，直接请巴菲特和他的团队去完成所有的工作。但即使在这一点上，巴菲特也比大多数基金经理和首席执行官更聪明、更诚实。巴菲特对传记作家爱丽丝·施罗德说："我不希望任何购买伯克希尔－哈撒韦公司股票的人认为他们可以赚大钱。他们不会如愿的，有些人会责怪自己，有些人会责怪我。他们都会失望的。我不想让人们失望。从我开始出售股票的那一刻起，给人们带来疯狂期望这件事就让我感到害怕。"这也是他持有的A类股价格超过30万美元的原因之一，他能帮助不知情的人退出市场，保住他们的钱。巴菲特给普通投资者的建议是什么？投资指数基金。巴菲特被称为"奥马哈先知"，但我们还是称他为东北象限之王。

巴菲特是投资者的榜样，因为除了聪明，他还虚心接受团队的建议，保持良好的学习习惯。当然，你可能非常自信，确信自己甚至都不需要任何关于风险和收益的建议——它们如此透明，以至在没有帮助的情况下，你也可以轻松地达到最优选择的顶峰。如果你真是无所不知，我们很乐意把你归类于西北象限，但我们必须停下来问问自己，也许你只是认为你知道。如果你错了，那么对你和其他人而言，后果可能会是什么？让我们继续阅读，找到答案，看看自我认知上的微小错误是如何造成灾难性的后果的。

这里需要人手！

下面提到的决策案例涉及2015—2016年在密苏里大学发生的一系列事件，当时迈克尔担任该校文理学院院长。密苏里大学，1839年成立于哥伦比亚，是密西西比河以西最古老的公立大学。它以由托马斯·杰斐逊创立的弗吉尼亚大学为蓝本建设而成，庄严的红砖建筑被草坪环绕，重点发展艺术和科学课程，为培养本州的学生和公民做出了卓越贡献。根据1862年的《莫伦尔法案》，密苏里大学在1870年获得了土地授予地位，并于1908年加入了我们在第 5 章提到的主要研究型大学的精英团体，也就是美国大学协会。位于哥伦比亚的核心校区最终与其他三所学校合并，构成了密苏里大学。每个校区都由一位分校长领导，他们分别向总校长报告工作。

像密苏里大学这样的公立大学依靠学费收入和州政府拨款生存，每个州的运作方式各有不同。有些州政府提供的财政支持比较少，使得这些学校更依赖学费和其他收费。在这样的背景下，只要学生人数保持增长或至少维持稳定，发展前景还是可以预测的。但如果招生人数减少，或是与其他学校或机构的竞争过于激烈，如我们在第 5 章看到的那样，情况就会一片混乱。在这种情况下，招聘人员、面试人员、财务人员和营销战略人员的决策就变得更加重要了。然而，大多数时候，如果暂时不考虑高等教育的混乱情况，院长的工作基本上是稳定不变的。可以说，大多数院长都位于西北象限，那里的风险和收益都很明确。但这并不意味着院长总是在实时关注着一切情况，如果出现了问题，那很可能是由于傲慢、忽视或其他失误，而不是信息的不透明。

在 2007—2008 年美国金融危机之后，密苏里大学的招生人数仍在增加，主要是因为他们拥有出色的足球队、崭新的宿舍、先进的娱乐中心和世界最高水平的新闻学院。不过，这一切在2014年2月发生了变化，一位来自得克萨斯农工大学的新任分校长改变了局势，他喜欢说："这不是我的第一次战斗，我知道如何去做。"与许多喜欢大讲这种陈词滥调的人一样，事实总让他们事与愿违。当时没人意识到未来会发生什么，后面由于校方的不当处理，一些小事慢慢酿成了灾难性的后果。这起事件就是2014年8月在密苏里州弗格森镇发生的迈克尔·布朗枪击死亡事件。弗格森镇位于圣路易斯郊区，在哥伦比亚以东约两小时车程的地方。这一事件点燃了校园里非洲裔美国学生谈论安全、公民权利和公平的意愿。学生们创办了各种论坛，但他们很快就意识到，自己关注的问题并没有得到重视，他们被敷衍对待了。而且这似乎是一个经过校方深思熟虑的决定："让学生表达他们的焦虑，但并不做出回应。不久，事情就会平息下来。"

学生论坛持续了相当长一段时间，事件也在不断发酵。一年后，爆发了规模性的事件。2015年8月，一个星期六的早上，研究型大学的关键角色——研究生助理一觉醒来忽然发现他们的奖学金和医疗保险补贴被削减了。在学生、教职员接连不断的抗议风暴的压力下，校长最终恢复了下一年的奖学金和医疗保险补贴，但他并没有恢复早年间被迫停止的住房和儿童保育福利。研究生威胁要成立工会，抗议活动仍在持续，情况越来越糟糕。黑人学生涌入董事会，成立了一个叫作"关心学生1950"的抗议团体，象征着该校在1950年首次录取的黑人学生。10月，他们试图扰乱2015年秋季返校节活动以引起更多注意，但是他们错误地把总校长的车当成了分校长的车。总校长没有停下来和他们交谈，事后总校长也承认这是一个错误的决定，学生们开始呼吁总校长辞职。与此同时，分校长也陷入风波，他没有预料到院长之间不断积聚的愤怒情绪，起因是他曾在9月某个星期一的早上强迫一位任期还不到一年的医学院院长签署辞职信，如果不主动辞职就会被强制解雇。非常不幸的是，在混乱的情景中和分校长的威胁下，对长期收益的感知被当前的收益影响，这位院长最后在辞职信上签了字。

迈克尔很早就下定决心，必须在这位分校长摧毁大学之前请他离开。在还没有了解其他院长会如何回应的前提下，迈克尔自己在西北象限做出了决定。大多数院长都比迈克尔年轻，有着令人期待的职业生涯，有些人还有年幼的孩子。推翻一位大学分校长的风险非常显而易见，一旦失败，职业生涯就会被腰斩。在密苏里州，想要罢免分校长，必须总校长与校长理事会协商才行。虽然学校最近出现了让人无法忽视的问题，但让一位分校长在任职不到两年的情况下辞职，似乎也在昭告他们雇用这位分校长是一个错误的决定。其他院长也逐渐意识到了事情的严重性。几个星期内，9位现任院长都站到校董会的一方。院长都充分地意识到了风险，他们不想把自己的事业置于风险中，因为地图的南半部并没有适合他们发展的地方。

与此同时，校园里的情况也越来越糟。11月8日，密苏里大学的一些黑人橄榄球运动员宣布拒绝参加即将到来的对战杨百翰大学的比赛，他们的队友和教练也对此表示支持。这激怒了成千上万的密苏里球迷。另外，一名黑人研究生宣布绝食抗议，他的诉求是要求总校长辞职。黑人学生开始组织学生停课游行，并且在广场上露营。

2015年11月11日晚，事件进一步升级，一条标签为"为密苏里大学祈福"的推文开始在推特上流行，这条推文提醒居民说三K党已经来到城里，而且已经混入了当地警察追捕黑人学生的行列。一名网友声称，网传照片中一个被严重擦伤的黑人孩子是他的弟弟。但后来事实证明这则消息完全是无稽之谈，网传的照片也是一年前拍摄于俄亥俄州的。还有一些相关的推文声称发生了大规模的枪击、刺伤和燃烧事件。就连担任学生会主席的一个年轻黑人学生也参与了这一行动。他在脸书上发帖："请学生采取预防措施，远离住宅大厅的窗户。我已确认在校园内可以看到三K党。我正在与校园警察、州警和国民警卫队合作。"这名学生后来撤销了这条不实的帖子，但恶劣的影响已经造成了。

来源：由马克·席尔贝克上传至 Youtube

尽管这些说法看起来非常可笑，但还是有数以百计的白人和黑人相信。这种行为发生在地图的最东南角，在那里我们发现了纯粹的从众行为。与此同时，一名封锁黑人学生营地的传播学院女教员被拍到对一名学生记者进行推搡，并禁止记者靠近，视频中她大喊着："我需要一些人手！"第二天晚上，数千万人在电视上看到了这一幕。随后，针对这一事件，民众发出了数以千计的电子邮件和推文来谴责女教员的行为。这是另一个涌向东南象限的例子。

为了尽快结束整个事件，10月中旬，院长们在总校长办公室的一次会议上与分校长对质，希望他离职。11月9日，院长给董事会和总校长写了一封群情激昂的信，要求立即罢免分校长。这一行为被《高等教育纪事报》的记者杰克·斯特里普林形容为"孤注一掷"。信里这样写道："他是一个失败的领导，他通过威胁、恐吓和制造恐惧的方式把校园搞得乌烟瘴气。"随后，这封信被泄露给了媒体。正如斯特里普林所说，院长们下了全部赌注。在这里，一个集体的决策影响了个体的适应度。到当天下午晚些时候，分校长被罢免了。

故事到这里就画上句号了吗？绝对没有。首先，在分校长被罢免不久后，由于校园中发生的混乱，密苏里州的立法机关一致决定对密苏里大学进行处罚。随后，家长和学生开始迅速降低选择密苏里大学的意愿。2016年秋季，密苏里大学的入学人数下降得惊人：比 2015 年秋季减少了 2 000 人，2017 年又减少了 2 000 人。新上任的招生副教务长特别提到，校方已经探讨了招生人数急剧下降的原因，得出的结论是："我们绝大多数的本科生招生问题与全州、全国的公众认知问题密切相关。"真的是这样吗？我们希望这不是校方花费大量的财力及时间得出的结论。巨大的收入损失造成的财政危机将拖累这所大学很多年。在我们看来，此次混乱的症结在于校方在关键决策上的失误，或者是由在地图西南象限的行动导致的。

最后，在任命了一位受欢迎的管理者担任临时校长后，一切开始慢慢恢复正常。这位临时校长是一位具有独立思考能力的人，医学院院长也复职了，这是一个振奋人心的消息。球队教练因为"健康原因"退休了。但是，你可能会好奇，当面对球员们计划抵制即将到来的橄榄球比赛时，如果他说了类似这样的话："伙计们，我喜欢你们每个人，就像爱我的儿子一样，我尊重你们拒绝比赛的决定。但我想让你们知道，当你走出那扇门时，你也就丧失了获取奖学金的资格，因为我必须把奖学金发给那些想在周六晚上在堪萨斯打球的人。祝你们好运。"那么，结果会怎样？他并没有做出这样正确的决定，他的行为让密苏里大学在获得校友、学生和立法机构的支持方面付出了沉重的代价。最后的事实证明，在2015年11月的那天晚上，由推文和转发引起的网络失序——扬言三K党和新纳粹在哥伦比亚——其实是俄罗斯黑客搞出来的。我们应该对此感到惊讶吗？不应该。我们是否应该为人们被黑客和机器人操纵而不是独立做出决定而震惊？是的。让我们继续下一章，看看情况还能有多离谱。

第 8 章 东南象限的生活

在总体层面的决策上，我们已经可以粗略地勾画出一幅人类进化的蓝图，就像是四象限地图中从西北象限开始的一个顺时针的过程，从个体学习开始，逐渐发展到东北象限的群体传统（随着社会脑的发展），然后继续向南，特别是到东南，信息交互和人际互动随着时间的延续呈指数级增长。在人类史前的简单社会中，有关重要资源分配的决策主要集中在北部象限，根据具体情况的不同分布在西北象限和东北象限之间的区域。有关健康方面的决策也是如此。乔·亨里奇和詹姆斯·布罗施曾向南太平洋亚萨瓦岛的居民询问："如果你对使用植物作为药物有疑问，你会向谁寻求建议？"他们得知当地的几名亚萨瓦人是公认的专家，这些专家被征求建议的可能性是其他人的

25倍。

在今天这个庞大且相互联系的世界里，我们可能会问："当每个人都能追随潮流，尤其是那些看起来很热门的潮流时，谁还需要榜样和专家呢？"然而，正如我们在第6章所言，这些趋势往往是短暂的，并且不断有备选方案涌现。对于学习过程来说，发现哪些选项比其他选项明显要好变得越来越困难。反过来，这又推动决策向南部象限发展。自相矛盾的是，这可能意味着，在改善生活的技术和药物的测试和筛选方面，现代多样化的消费经济可能还没有传统社会有效。

正如我们在第7章所言，当我们生活在西南象限时，事情会变得很糟糕，但是当我们生活在东南象限时，事情又会如何发展呢？对我们的适应度又有什么影响呢？首先，如果我们位于东南象限较边缘的地方，本来在独立思考的前提下，可以为我们带来很好适应度的发散思维开始被腐蚀，以至人们的行为只是在单纯地模仿别人。在这种时候，人的智慧效应就丧失了。在充斥着频繁的线上交流和信息井喷的现代经济体中，无论是投票，还是发表对气候变化或金融问题的看法，人类的关键决策都越来越呈现羊群效应。发生这种情况的另一个领域是我们三个人每天都参与其中的学术出版。让我们看看与研究和传播知识有关的决策是如何围绕着地图移动的。现在，人们正向地图的东南象限移动。

付费游戏

若干年前，迈克尔和他的妻子格洛丽亚在首尔讨论密苏里大学与韩国几所大学之间的交换生及访问学者的事宜。有一次，一所著名私立大学的校长向迈克尔询问世界排名前三的科学期刊是什么。迈克尔认为前两位很容易选出——《科学》和《自然》，但思考了一阵子，他才得出第三个答案：《细胞》。校长满意地回答："是的，我们称它们为 SNiCk。"校长继续问道："密苏里大学的研究人员在这种顶级期刊上发表一篇文章可以得到多少奖金？"迈克尔十分不解，因为美国大学并不会为此支付奖金。迈克尔追问这位校长他的大学是否会支付奖金，如果支付的话，会给多少。校长回答："2.5 万美元。"迈克尔请校长确认所说的是否为 2.5 万韩元，大约 25 美元，可是校长向迈克尔调侃道，他的英语远好过迈克尔的韩语。校长说，高额的奖金激励是不得已的选择，因为只有这样做才能引导学校的教师走出狭隘的思维惯性，迈入世界科学研究的舞台。得知迈克尔将要探访下一所大学，校长请求迈克尔帮忙询问下一所学校的激励政策。后来迈克尔发现，下一所学校设置的奖金高达每篇10万美元。那位校长非常自豪地说，他在那一年签了两张这样的支票。迈克尔告诉格洛丽亚，他们应该马上搬到韩国去。

这样的激励政策势必会改变适应度景观，但这种改变会非常缓慢。尽管有巨额支票的诱惑，但在《科学》《自然》《细胞》期刊上发表文章的可能性很小，尤其是此前没有在高知名度、高影响力的期刊上发表过文章的话，概率会更小。如果不能在顶级期刊上发表论文，对于大多数研究者来说，包括美国的研究者在内，另一个选择就是在过去几年来新出现的学术期刊上发表文章。全球期刊每年的出版收入超过100亿美元。实际上，每年有数百万篇论文发表在3万多份声称经过同行评议的期刊上，这还不包括未经同行评议的期刊。

让我们来对比一下1665年的情况，当时英国皇家学会在国王查尔斯二世和约翰·威尔金斯主教的主持下出版了第一期《哲学会刊》。17世纪皇家学会的成员包括建筑师和天文学家克里斯托弗·雷恩、现代化学的创始人罗伯特·玻义耳、物理学家罗伯特·胡克以及艾萨克·牛顿。这个学会稳稳地居于东北象限，这群有独立思考能力的专家一起为化学、生物学、物理学、哲学和启蒙运动奠定了基础。当没有同行评审人时，这些专家能够相互交流，通过科学的过程选择最好的想法，这就是科学结果清晰、传播广泛的独立假说的可检验性。哲学家凯彻尔将其描述为统一性、繁殖力和可测试性的过程，也被理解为"群体智慧"。

过去，学术期刊每季度出版一次，有一部分期刊出版得更频繁些，但即使这样，你也能设法跟上信息的更新速度。而现在，即使是经验丰富的研究人员也跟不上。当然，互联网一直是这一变革的推动者。现在网上发表的文章太多了，纸质版落后了好几年。一些期刊甚至完全放弃了卷号的概念，只是通过每篇文章独有的数字对象标识符为一篇文章建立索引。开放获取、同行评议的大型期刊，如《普洛松》(*PLOS ONE*)、《帕尔格雷夫通讯》(*Palgrave Communications*)和《科学报告》(*Scientific Reports*)，每年发表数千篇文章，每篇文章向作者收取1 000美元或更多的费用。有了这种收入来源，大学出版社也纷纷加入进来。例如，加州大学出版社在2011年推出了Collabra，每篇文章收费875美元。出版界还包括数以千计的新兴期刊，其中许多期刊的刊名听起来很有名望，但它们只不过是付费阅读的破烂东西。学者们每天都收到在新期刊上发表文章的邀请函。邮件的开头通常是这样的：

尊敬的奥布莱恩：

鉴于我们读了您的文章《北美洲古印第安人的殖民化》，我们决定为新杂志《世界泌尿外科的进展》向您征集一篇文章。它可以是一篇新论文，也可以是以前发表过的论文，篇幅不限。作为本期特别版的撰稿人，我们将免除您的出版费用。

免掉 1 500 美元的出版费，在与自己的专业知识无关的期刊上发表论文，这似乎是一笔划算的买卖。任何人都会迅速抓住这个机会，即使期刊编辑不能正确拼出你的姓名。不幸的是，很多人最后都身陷其中。随着越来越多的研究人员进入世界学术舞台，不征求同行评议的期刊只会越来越多，付费的学术出版方式将成为主流。

韩国大学的校长们都知道，出版物是检验一个人的智力适应度最重要的组成部分。人们对学者的评价更多的是基于他们的工作质量，而不是他们发表的出版物数量。在著名的大学里，评审同行工作的教师委员会不应该被低质量的付费杂志愚弄，特别是当他们可以运用很多筛选方式时，如文章的引用次数、期刊影响因子等等。期刊影响因子是影响作者决定在哪里发表论文的重要因素。

当研究人员被大量的文章淹没时，即使是最有经验的人也会迅速失去评估所有可能相关且质量足够好的文献的能力。尽管有一些捷径可走，但它们也有不可避免的缺点。一条捷径是只阅读《科学》《自然》《细胞》或者同等级别的期刊，这是一种向东北象限移动的做法，因为那些顶级期刊的编辑都是专家，他们只接受其他专家的论文。此外，还有很多高质量的期刊，也许它们并不是顶级期刊，但也非常接近，很容易被错过。另一个捷径是与你的朋友和同事开展团队工作，尽管布罗克和他的同事史蒂文·杜尔劳夫在20年前的研究显示，这可能导致学术"卡特尔"——团队成员局限于阅读和引用彼此的作品，其他的研究则被排除在外。用社会学习的术语来说，他们成了适应度景观中的投机者，而不是努力把这种拙劣的模仿和真正的生产区别开。

使用计算机评估科学研究的质量正在变得越来越普遍。芝加哥大学的詹姆斯·埃文斯和雅各布·福斯特指出，计算机可以"快速获取关于作者、术语和机构的定量及其他相关信息，并将其与'数百万篇文章和越来越多的数字化书籍'进行比较"。埃尔塞维尔（Elsevier）是一家主流期刊平台，拥有一个名为"SciVal"的工具，可以分析来自9 000多家研究机构的引文数据，并评估出在230个国家和地区中某种研究的竞争优势。学者正通过让自己变得更容易被发现的方式来适应这一局面。现在有100多万名学者拥有开放研究者与贡献者身份识别码（ORCID），这种识别码是由一个非营利组织于2012年创建的，用以作为个体研究人员的注册方式，并帮助连接到应用程序接口，以便不同的系统共享研究人员的信息。这只是开始，随着计算机算法阅读论文以及与这些论文相关的元数据的共同进化，论文将更容易被计算机阅读。无论好坏，这都可能促进完全计算机化的论证科学的发展。

现在，我们都是科学家

在启蒙运动结束后的 350 年里，我们每天都会做出数百个决定，无数次地搜集和评估数据，很多时候，我们都在面对全新的情况或挑战。你曾经是一个马铃薯种植者、班卓琴演奏者、铁匠或织布工，因为你从小就耳濡目染地从父母那里获得了与这个行业相关的技能。现在，由于能够即时访问数据，随时随地了解各种趋势，我们似乎都成了科学家。去确定谁是真正的专家反而成了一件极具挑战性的事情。发动变革的力量不再单一地来自英国皇家学会。正如我们在第 7 章中看到的那样，看似无关紧要的决策会成为大事件的导火线，最终成为统计学意义层面的大事件的临界点。适应度景观不仅崎岖不平，蕴含其中的风险和利益也在不断变化。在社交媒体时代，专业知识和理性选择的概念似乎非常可笑，在这个时代，虚假新闻似乎是一种常态。

虚假新闻主要来自社交媒体，尤其是脸书和推特。对于四象限地图而言，每当有人发布自己的内容，我们可以将其视为一次个体的学习事件，这种行为属于西部象限。当有人转发消息时，便是一个重复发生的事件，这种行为属于东部象限。如果有人在推特上发布自己通过创造、研究、观察或实验发现的成果，那么这种行为就属于西北象限。一个真正的西北象限的决策应该是个人且透明的，如果有人在推特上随机发布垃圾信息，那么他只是在试图搞乱事情，此时他就位于西南象限。如果人们仅仅因为别人在推特上发布了同样的消息而进行转发，我们就会把这种情况归类于东南象限———一种可能产生严重后果的随机复制形式。

  那么东北象限的情况又是怎么样的呢？这里发生的主要是透明的社会学习，最重要的变量是我们复制了谁，而不是复制的具体内容，甚至连内容是否真实都不重要。不仅声望会影响信息的可信度，群体观念也可能和"真相"一样重要。我们如果认同一条消息，就很可能转发它。我们是否相信这个消息是真的几乎无关紧要。对于谣言本身的繁殖性来说，最重要的是我们是否要把它传递下去。因此，在我们通常认为消息灵通且具有社会学习特征的东北象限，确实可能包含许多虚假信息，但就分享这些信息的人的群体认同而言，这些信息听起来是"真实的"。信息的社会联系往往是相当透明的，即使信息本身是错误的也无关紧要。就像你可能从来没有玩过橄榄球，也不是新英格兰的支持者,但是,只要你穿着爱国者队的球衣,就会被认为是橄榄球球迷。

就像党派之争对公共利益具有破坏性一样,追随你的部落和集体遵循着透明的社会逻辑,这种行为分布在地图的东北象限。一项关于在推特上关注和转发行为的研究表明,自 2009 年以来,网络两极化增长了约 20%,出现这样的现象并不奇怪。在线社交网络被分化了,每个团体都会选择其想选择的虚假新闻。这种同类相连的趋势被称为同质化,这反过来又会导致信息的分类。然而,社交媒体只是延续了一种自 20 世纪中期以来不断加剧的党派之争。宾夕法尼亚州立大学的克里奥·安德里斯及其同事发现,1949—2012 年,美国众议院两党对立法的一致意见在稳步下降。在这 60 多年的时间里,红蓝两派(代表在立法问题上的不同立场)从二战后错综复杂的合作网络演变为两个独立的网络(一个红,一个蓝),只有几个致力于跨党派合作的代表才能够将他们联结起来。安德里斯和他的同事总结说,政治党派之争并没有显示出减速或逆转进程的迹象。

我们是否受限于东北象限的部落主义?正如行为经济学家丹尼尔·卡尼曼所说的那样:"思考对于人类来说就

像游泳对于猫一样,他们可以做到,但他们都宁愿自己做不到。"让我们举个例子,如果有人在推特上看到虚假新闻,他抑制了立即跟同类分享的冲动,没有随意进行转发,而是对其进行核实,并在推特上声称该消息是谣言,他就是在向西北象限移动,但这类行为可能很难持续。因为真实的信息总是很无聊,既不会引发网络纷争,又没有讨论热度。或者,如果它是一个"咄咄逼人"的争论,无论代表哪一种政治立场,都可能引发一连串的转发。如果发生这类情况,事情就会被双方极大地改变,一方夸大论点,另一方夸大反论点,以此类推。故事中新奇和夸张的元素将被保留或放大,正如我们在第 7 章中看到的关于密苏里大学的内容。

麻省理工学院的思南·阿拉尔和同事的研究揭示了真假新闻在网上不同的传播方式。这项研究调查了谣言传播的程度和速度(虚假新闻都更高),以及故事本身的情绪(虚假新闻往往更令人惊讶、恶心和可怕)。推特上的每一个传播事件都是谣言级联,用户在推文中对某个主题发表观点,其他人则通过转发来传播。级联的规模可以很小,也可以很大。如果一个谣言被 10 个人单独发布,但没有转发,那么它就是 10 个大小为 1 的级联。如果另一个谣言是由两个人单独发布的,一个被转发150次,另一个被转发2 000次,那么谣言就有两个级联,一个级联的大小为150,另一个为2 000。

阿拉尔和他的同事观测了2006—2017年间在推特上发布的12.6万个谣言级联,这些谣言已经得到了factcheck.org等机构的事实核查,至少95%的事实核查人员对谣言的真假达成了共识。他们测量了每个级联的三种特性。级联的规模是指参与转发一条推文的总人数。级联的深度测量了在单个传输链中转发的数量。级联的宽度测量了任何一次运行需要的链接数量。宽度和深度描述了级联的大小,就像树枝描述了树的大小一样。宽度就像有多少片叶子,深度就像从一片叶子到树干要经过多少个树枝。此外,还有一个衡量标准,他们将其称为"结构性病毒",区分了通过单一广播或意见领袖并以 r 曲线方式传播的信息,以及通过多个传输链复制并以 s 曲线方式传播的信息。

麻省理工学院的发现符合我们对地图的预期,级联的大小、深度和宽度对于真实信息来说更小,而对于虚假信息来说更大。这种模式反映了西部象限的真实信息和东部象限的虚假信息。这是有道理的,因为真实信息更有可能被单独考虑。事实上，真实的信息在用户之间传播的平均时间比虚假信息要长。对信息进行一些批判性的思考比直接模仿同行的答案更耗时间、成本。换句话说，共享的真实信息需要依靠个人学习及社会层面的分享，呈短尾分布。而虚假信息则呈长尾分布。

这些四起的传闻向北或向南走了多远？我们当然会认为，真实的信息是向北移动的，而虚假的信息是向南移动的。如上所述，麻省理工学院的研究团队发现，与真实信息相比，虚假的谣言传播得更远、更快，更令人感到惊讶和新奇，也更令人厌恶和恐惧。真实的信息更可能是悲伤或快乐的，并能激发人的信任。这与人们处理信息的习惯也是一致的，人们愿意花更多的时间思考和处理真实信息，真实信息也更加透明，而虚假信息则是在人们恐惧或诧异的情况下由我们所依赖的群体反应来处理的。相信虚假的信息可能会让我们感到恐惧，但在某种程度上，这种恐惧已经积聚了很长时间。举个例子，至少从 20 世纪 80 年代起，英语书籍中与恐惧相关的词汇一直在增加，而其他情绪的词汇则从 20 世纪初开始减少。这是为什么呢？也许这与家族的瓦解和人们面对的未知决策的激增有关，不管是重大事件还是日常生活中的。对于一个生活在熟人社会亲缘小团体中的物种来说，这一定是令人不安的状况，因为他们所习惯的是根据祖代流传下来的适应度文化组合来做出决定。

决策倦怠

我们生活在一个亚马逊网站上有5亿多产品可供销售的时代。这些数量惊人的选择正是自由媒体集团董事长约翰·马龙将该公司称为威胁其他产业的"死亡之星"的原因。我们曾经认为亚马逊网站是一家传统的线上书店。牛津大学的埃里克·贝因霍克对现代西方人类选择的爆炸式增长有过这样的描述：与一万年前狩猎采集时代的祖先所目睹的情况有着超过"数亿倍或8个数量级的复杂性和多样性"。把在亚马逊网站购物与这本书中的其他决定放一起讨论似乎很奇怪：选择陪审团、学生应该去哪里上大学、如何为自己的退休和孩子投资，甚至选哪个四分卫，但我们认为这是一个有价值的观点，因为看似微不足道的决定正在消耗我们的脑力。佛罗里达大学的阿纳·塞拉和他在宾夕法尼亚大学的同事乔纳·伯杰是这样说的："人们经常发现自己陷入看似微不足道的决定之中。我们为买什么牙刷而苦恼，为买哪趟航班而挣扎，为把厨房漆成哪一种白色而劳神。虽然常识和大量的研究表明，人们应该更努力地考虑更重要的决定，但为什么人们有时会陷入看似微不足道的选择？"塞拉和伯杰认为，元认知推理是这种"决策危机"背后的原因。他们的前提是，人们会根据自己经历的主观困难程度来判断做决定需要花费的时间和精力。我们认为更重要的决定更难做，因为它们涉及更高的风险，同时，一些看似琐碎事情的决定更容易做，因为做出错误决定所涉及的风险更低。

然而，当一个决定让人感到出乎意料地困难时，会发生什么呢？这也许是由于选择太多、信息过载或看似冲突的风险和回报。塞拉和伯杰提出，人们可能会做出相反的推断，认为这个决定很重要、值得额外关注。这反过来又增加了人们在做决定时所用的时间。由于把决策的重要性与决策的难度联系起来的倾向是如此强烈，我们有时会人为地把那些感觉太简单的重要决策复杂化，以便我们能表现出一种自信的态度，认为我们已经进行了适当的研究和调查了。让我们走到沃尔玛的牙膏区，花几分钟时间看看周围正在决定买哪个品牌的人。他们不会像买房子或决定上哪所大学那样花那么多时间，但我敢打赌，我们至少会注意到一两个人表现出些许的"决策危机"。如果他们随手抓起一盒牙膏，他们就是在西南象限。如果他们留心观察周遭的人做了哪些选择，然后再去选择最受欢迎的品牌，那么他们就是在东南象限。

未来会怎样？

挑选牙膏品牌而产生的决策倦怠是一回事，但是对于更严肃的问题，我们会是另外一种逻辑吗？比如全球变暖、新闻的有效性，或者外国干预美国的生活、科学和政治等问题。我们认为，在这些问题的决策上，我们正在迅速走向极端的东南象限。尽管有大量关于全球变暖的信息，但大部分美国人对这种想法都嗤之以鼻，将恐慌归咎于左翼科学家和新闻渲染，甚至懒得去理解这些说法背后蕴含的科学道理。当然，科学家们也没有明确区分全球变暖和人类对全球变暖产生的影响，因此很容易被误解。

我们已经看到了一些影响，但是我们看到的只不过是这些影响的冰山一角，因此，外国的干预尤其令人担忧。比如，美国司法部最近的一项研究估计，2013—2018年间，9名为伊斯兰革命卫队工作的伊朗人从全球320所大学的近8 000名教授那里窃取了31.5兆字节的文件和数据。其中近4 000名教授是美国人。该报告估计，雇用这些教授的144所美国大学大约损失了34亿美元的数据。数据被盗的确让人担忧，但与黑客可能挑起的社会动荡与暴力相比，就不值一提了。回想密苏里大学发生的事件，传播在学生特别是黑人学生中的恐惧很大程度上来自之前做出的错误决定，这也为俄罗斯黑客采取挑衅行动创造了一个绝佳机会。黑客可以在短短几个小时内利用少数用户和大约70个机器人劫持推特热搜，制造出三K党伙同其他极端主义组织在哥伦比亚街头猖獗地寻找黑人并进行殴打的情景。更令人担忧的是另一个令人不寒而栗的事实，即机器人成功地避开了推特用来防止爬虫机器人发推文的算法。正如1938年由奥逊·威尔斯主演的《世界大战》所证明的那样，火星入侵的"现场"报道效果很好，不需要军事入侵就能制造震撼和威慑。如今，一些能够理解社交媒体行为的黑客在面对令人难以置信的"新闻"时也会这样做。如果我们不能优化得到的信息，那么我们可以确信，即使我们大多数的决定不是完全致命的，也不会有多么好。

如果生活在东南象限，我们可能会把所有的决定都众包出去。当我们能轻松了解数千万朋友的各种想法时，为什么要担心导致全球变暖的根本原因呢？当我们可以简便地求助于一些政客，发现什么是"假新闻"时，为什么要担心俄罗斯黑客会操纵选举呢？这样的话，我们就可以高枕无忧了，因为已经有人替我们做出了决定，我们可以专注地在脸书上与陌生人聊天。或者我们可以遵循一种阴谋论，即2012年康涅狄格州纽敦市的桑迪胡克小学大屠杀是美国政府的恶作剧。如果我们花费很多时间在脸书上，我们可能会发现这个平台的建立是为了尽可能多地消耗我们的时间和注意力。同样，我们不必回答今天在邮件中收到的"假"的陪审团传票，因为我们现在可以把判决众包出去。别担心，你仍然可以感受到法庭上的所有恐惧和兴奋，因为电视台会转播审判过程，特别是那些审判前尼尔森评级最高的案件。朱迪法官，请让开，因为与一场刺激的谋杀案相比，你作弊室友的故事根本不值一提。顺便说一句，请确保你核查了哈拉斯的胜算概率，并对众包判决进行一些预审赌注。

　　说到哈拉斯，你也一定要看看周日晚上爱国者队和圣徒队之间的比赛。现在这些比赛被开发成电子游戏，动作人物非常逼真，以至于《麦登橄榄球》游戏已经没有什么商业价值了。你不必再担心星期二到星期天布雷迪会因为腿受伤而停下比赛。不过，你还是得担心一些"随机的"事件，像是混乱、拦截等等，计算机的加入让游戏变得更有趣。NFL职业橄榄球大联盟已经制定了一条规则：游戏中的球员永远不会受伤。这对于数以百万计的玩家而言都是一个好消息。游戏中的球员可以永远玩下去，或者直到他们被众包出去，到那时，他们就"退役"了。在东南象限的生活是如此与众不同。

参考文献

前言

Anolik, Lili. "How O. J. Simpson Killed Popular Culture." *Vanity Fair*, May 7, 2014.

Bentley, Alex, Mark Earls, and Michael J. O'Brien. *I'll Have What She's Having: Mapping Social Behavior*. Cambridge, MA: MIT Press, 2011.

Bentley, R. Alexander, and Michael J. O'Brien. *The Acceleration of Cultural Change: From Ancestors to Algorithms*. Cambridge, MA: MIT Press, 2017.

Bentley, R. Alexander, Michael J. O'Brien, and William A. Brock. "Mapping Collective Behavior in the Big-Data Era." *Behavioral and Brain Sciences* 37 (2014): 63–119.

Kahneman, Daniel. *Thinking Fast and Slow*. New York: Farrar, Straus and Giroux, 2013.

Lewis, Michael. *The Undoing Project: A Friendship That Changed Our Minds*. New York: Norton, 2016.

Newton, Jim, and Shawn Hubler. "Simpson Held after Wild Chase: He's Charged with Murder of Ex-Wife, Friend." *Los Angeles Times*, June 18, 1994. http://www.latimes.com/local/la-oj-anniv-arrest-story.html.

Prechter, Robert R., ed. *Socionomic Studies of Society and Culture: How Social Mood Shapes Trends from Film to Fashion*. Gainesville, GA: Socionomics Institute Press, 2017.

Thaler, Richard H. *Misbehaving: The Making of Behavioral Economics*. New York: Norton, 2016.

第 1 章

Alland, Alexander, Jr. "Cultural Evolution: The Darwinian Model." *Social Biology* 19 (1972): 227–239.

Bentley, R. Alexander, and Michael J. O'Brien. "The Selectivity of Social Learning and the Tempo of Cultural Evolution." *Journal of Evolutionary Psychology* 9 (2011): 125–141.

Bettinger, Robert L., and Peter J. Richerson. "The State of Evolutionary Archaeology: Evolutionary Correctness, or the Search for the Common Ground." In *Darwinian Archaeologies*, edited by Herbert D. G. Maschner, 221–231. New York: Plenum, 1996.

Binford, Lewis R. "Post-Pleistocene Adaptations." In *New Perspectives in Archeology*, edited by Sally R. Binford and Lewis R. Binford, 21–49. Chicago: Aldine, 1968.

Braidwood, Robert J. "Archeology and the Evolutionary Theory." In *Evolution and Anthropology: A Centennial Appraisal*, edited by B. J. Meggers, 76–89. Washington, DC: Anthropological Society of Washington, 1959.

Braidwood, Robert J., and Charles A. Reed. "The Achievement and Early Consequences of Food Production." *Cold Spring Harbor Symposia on Quantitative Biology* 22 (1957): 19–31.

Childe, V. Gordon. "The Urban Revolution." *Town Planning Review* 21 (1950): 3–17.

Flannery, Kent V. "A Visit to the Master." In *Guilá Naquitz: Archaic Foraging and Early Agriculture in Oaxaca, Mexico*, edited by K. V. Flannery, 511–519. Orlando, FL: Academic Press, 1986.

Hole, Frank, Kent V. Flannery, and James A. Neely. *Prehistory and Human Ecology of the Deh Luran Plain: An Early Village Sequence from Khuzistan, Iran*. Memoir, no. 1, Museum of Anthropology, University of Michigan. Ann Arbor, 1969.

Lathrap, Donald. "Review of *The Origins of Agriculture: An Evolutionary Perspective*, by David Rindos." *Economic Geography* 60 (1984): 339–344.

Leacock, Eleanor. "Introduction to Part I." In *Ancient Society* (1877), by Lewis Henry Morgan, i–xx. New York: Meridian, 1963.

Los Angeles Times. "The O.J. Simpson Murder Trial, by the Numbers," April 5, 2016. http://www.latimes.com/entertainment/la-et-archives-oj-simpson-trial-by-the-numbers-20160405-snap-htmlstory.html.

Mesoudi, Alex. "An Experimental Simulation of the 'Copy-Successful-Individuals' Cultural Learning Strategy: Adaptive Landscapes, Producer–Scrounger Dynamics, and Informational Access Costs." *Evolution and Human Behavior* 29 (2008): 350–363.

Morgan, Lewis Henry. *Ancient Society*. New York: Holt, 1877.

Muthukrishna, Michael, and Joseph Henrich. "Innovation in the Collective Brain." *Philosophical Transactions of the Royal Society B* 371 (2016): 20150192.

Rindos, David. *The Origins of Agriculture: An Evolutionary Perspective*. Orlando, FL: Academic Press, 1984.

Scott, James C. *Against the Grain: A Deep History of the Earliest States*. New Haven, CT: Yale University Press, 2017.

Shennan, Stephen J., and J. R. Wilkinson. "Ceramic Style Change and Neutral Evolution: A Case Study from Neolithic Europe." *American Antiquity* 66 (2001): 577–594.

Surowiecki, James. *The Wisdom of Crowds: Why the Many Are Smarter Than the Few*. London: Abacus, 2004.

Tylor, Edward B. *Primitive Culture*. London: Murray, 1871.

第2章

Darwin, Charles. *On the Origin of Species by Means of Natural Selection, or the Preservation of Favoured Races in the Struggle for Life*. London: Murray, 1859.

Endler, John A. *Natural Selection in the Wild*. Princeton, NJ: Princeton University Press, 1986.

Lamarck, Jean-Baptiste. *Philosophie Zoologique, ou Exposition des Considérations Relatives à l'Histoire Naturelle des Animaux*. Paris: Museum d'Histoire Naturelle, 1809.

Leonard, Robert D. "Evolutionary Archaeology." In *Archaeological Theory Today*, edited by Ian Hodder, 65–97. Cambridge: Polity Press, 2001.

Mill, John Stuart. "On the Definition of Political Economy, and on the Method of Investigation Proper to It." *London and Westminster Review*, October 1836.

Nelson, Philip. "Information and Consumer Behavior." *Journal of Political Economy* 78 (1970): 311–329.

Smith, Adam. *An Inquiry into the Nature and Causes of the Wealth of Nations*. London: Strahan and Cadell, 1776.

第3章

Bergstrom, Theodore C. "Evolution of Social Behavior: Individual and Group Selection." *Journal of Economic Perspectives* 16 (2002): 67–88.

Bilalić, Merim. *The Neuroscience of Expertise*. Cambridge: Cambridge University Press, 2017.

Brown, Mark. "How Driving a Taxi Changes London Cabbies' Brains." *Wired*, September 12, 2011.

Dennett, Daniel C. *Darwin's Dangerous Idea*. New York: Simon & Schuster, 1995.

Drachman, David A. "Do We Have Brain to Spare?" *Neurology* 64 (2005): 2004–2005.

Duch, Jordi, Joshua S. Waitzman, and Luís A. N. Amaral. "Quantifying the Performance of Individual Players in a Team Activity." *PLOS ONE* 5(6) (2010): e10937.

Gaines, Cork. "How the Patriots Pulled Off the Biggest Steal in NFL Draft History and Landed Future Hall of Famer Tom Brady." *Business Insider*, September 10, 2015.

Gould, Stephen J. *Wonderful Life: The Burgess Shale and the Nature of History*. New York: Norton, 1989.

Lehrer, Jonah. *How We Decide*. Boston: Houghton Mifflin Harcourt, 2009.

Maguire, Eleanor A., Katherine Woollett, and Hugo J. Spiers. "London Taxi Drivers and Bus Drivers: A Structural MRI and Neuropsychological Analysis." *Hippocampus* 16 (2006): 1091–1101.

Massey, Cade, and Richard H. Thaler. "The Loser's Curse: Decision Making and Market Efficiency in the National Football League Draft." *Management Science* 59 (2013): 1479–1495.

Pinker, Steven. "The False Lure of Group Selection." *Wired*, June 18, 2012.

Siegel, Daniel J. *Mind: A Journey to the Heart of Being Human*. New York: Norton, 2016.

Sober, Elliott, and David Sloan Wilson. *Unto Others: The Evolution and Psychology of Unselfish Behavior*. Cambridge, MA: Harvard University Press, 1999.

Soltis, Joseph, Robert Boyd, and Peter Richerson. "Can Group-Functional Behaviors Evolve by Cultural Group Selection? An Empirical Test." *Current Anthropology* 36 (1995): 473–483.

Williams, George C. *Adaptation and Natural Selection: A Critique of Some Current Evolutionary Thought*. Princeton, NJ: Princeton University Press, 1966.

Wilson, David Sloan, and Edward O. Wilson. "Evolution 'for the Good of the Group.'" *American Scientist* 96 (2008): 380–389.

Woollett, Katherine, and Eleanor A. Maguire. "Acquiring the 'Knowledge' of London's Layout Drives Structural Brain Changes." *Current Biology* 21 (2011): 2109–2114.

第 4 章 ─────────────────────────────

Bentley, R. Alexander, and Michael J. O'Brien. "The Selectivity of Cultural Learning and the Tempo of Cultural Evolution." *Journal of Evolutionary Psychology* 9 (2011): 125–141.

Bloom, Paul. "Can a Dog Learn a Word?" *Science* 304 (2004): 1605–1606.

Boyd, Robert. *A Different Kind of Animal: How Culture Transformed Our Species*. Princeton, NJ: Princeton University Press, 2017.

Boyd, Robert, and Peter J. Richerson. *Culture and the Evolutionary Process*. Chicago: University of Chicago Press, 1985.

Caldwell, Christine A., and Alisa E. Millen. "Social Learning Mechanisms and Cumulative Culture: Is Imitation Necessary?" *Psychological Science* 12 (2009): 1478–1483.

Fragaszy, Dorothy M. "Community Resources for Learning: How Capuchin Monkeys Construct Technical Traditions." *Biological Theory* 6 (2011): 231–240.

Fridland, Ellen, and Richard Moore. "Imitation Reconsidered." *Philosophical Psychology* 28 (2015): 856–880.

Grassmann, Susanne, Juliane Kaminski, and Michael Tomasello. "How Two Word-Trained Dogs Integrate Pointing and Naming." *Animal Cognition* 15 (2012): 657–665.

Henrich, Joseph, and Francisco Gil-White. "The Evolution of Prestige: Freely Conferred Deference as a Mechanism for Enhancing the Benefits of Cultural Transmission." *Evolution and Human Behavior* 22 (2001): 165–196.

Heyes, Cecilia M., and Bennett G. Galef, Jr., eds. *Learning in Animals: The Roots of Culture*. San Diego: Academic Press, 1996.

Hirata, Satoshi, Kunio Watanabe, and Masao Kawai. "'Sweet-Potato Washing' Revisited." In *Primate Origins of Human Cognition and Behavior*, edited by Tetsuro Matsuzawa, 487–508. Tokyo: Springer, 2001.

Kaminski, Juliane, Josep Call, and Julia Fischer. "Word Learning in a Domestic Dog: Evidence for 'Fast Mapping.'" *Science* 304 (2004): 1682–1683.

Laland, Kevin N. "Social Learning Strategies." *Learning & Behavior* 32 (2004): 4–14.

Lehrer, Jonah. *How We Decide*. Boston: Houghton Mifflin Harcourt, 2009.

Mesoudi, Alex. "An Experimental Simulation of the 'Copy-Successful-Individuals' Cultural Learning Strategy: Adaptive Landscapes, Producer–Scrounger Dynamics, and Informational Access Costs." *Evolution and Human Behavior* 29 (2008): 350–363.

Mesoudi, Alex. "Variable Acquisition Costs Constrain Cumulative Cultural Evolution." *PLOS ONE* 6(3) (2011): e18239.

Morin, Roc. "A Conversation with Koko the Gorilla." *The Atlantic*, August 28, 2015. https://www.theatlantic.com/technology/archive/2015/08/koko-the-talking-gorilla-sign-language-francine-patterson/402307.

O'Brien, Michael J., Matthew T. Boulanger, Briggs Buchanan, Mark Collard, R. Lee Lyman, and John Darwent. "Innovation and Cultural Transmission in the American Paleolithic: Phylogenetic Analysis of Eastern Paleoindian Projectile-Point Classes." *Journal of Anthropological Archaeology* 34 (2014): 100–119.

O'Brien, Michael J., and Briggs Buchanan. "Cultural Learning and the Clovis Colonization of North America." *Evolutionary Anthropology* 26 (2017): 270–284.

Pilley, John W., and Hilary Hinzmann. *Chaser: Unlocking the Genius of the Dog Who Knows a Thousand Words*. New York: Houghton Mifflin Harcourt, 2013.

Preston, Douglas D. "Woody's Dream." *New Yorker* 75 (1999): 80–87.

Sholts, Sabrina B., Dennis J. Stanford, Louise M. Flores, and Sebastian K. T. S. Wärmländer. "Flake Scar Patterns of Clovis Points Analyzed with a New Digital Morphometrics Approach: Evidence for Direct Transmission of Technological Knowledge across Early North America." *Journal of Archaeological Science* 39 (2012): 3018–3026.

Tomasello, Michael, Malinda Carpenter, Josep Call, Tanya Behne, and Henricke Moll. "Understanding and Sharing Intentions: The Origins of Cultural Cognition." *Behavioral and Brain Sciences* 28 (2005): 675–735.

Tomasello, Michael, Ann C. Kruger, and Hilary H. Ratner. "Cultural Learning." *Behavioral and Brain Sciences* 16 (1993): 495–552.

Wells, H. G. *The Time Machine*. London, Heinemann, 1895.

Whiten, Andrew, Jane Goodall, William C. McGrew, Tsukasa Nishida, David V. Reynolds, Yukihiko Sugiyama, Caroline E. G. Tutin, et al. "Cultures in Chimpanzees." *Nature* 399 (1999): 682–685.

Whiten, Andrew, Nicola McGuigan, Sarah Marshall-Pescini, and Lydia M. Hopper. "Emulation, Imitation, Over-imitation and the Scope of Culture for Child and Chimpanzee." *Philosophical Transactions of the Royal Society B* 364 (2009): 2417–2428.

第 5 章 ────────────────────────

Carroll, Lewis. *Through the Looking Glass and What Alice Found There.* London: Macmillan, 1872.

Complexity Labs. "Fitness Landscapes." February 15, 2014. http://complexitylabs.io/fitness-landscapes.

Kameda, Tatsuya, and Daisuke Nakanishi. "Cost-Benefit Analysis of Social/Cultural Learning in a Nonstationary Uncertain Environment: An Evolutionary Simulation and an Experiment with Human Subjects." *Evolution and Human Behavior* 23 (2002): 373–393.

Kane, David. "Local Hillclimbing on an Economic Landscape." Santa Fe Institute Working Paper 96-08-065, Santa Fe, NM, 1996.

Kang, Cecilia. "Unemployed Detroit Residents Are Trapped by a Digital Divide." *New York Times,* May 22, 2016. https://www.nytimes.com/2016/05/23/technology/unemployed-detroit-residents-are-trapped-by-a-digital-divide.html.

Kauffman, Stuart. *At Home in the Universe: The Search for Laws of Self-Organization and Complexity.* Oxford: Oxford University Press, 1995.

Kauffman, Stuart, José Lobo, and William J. Macready. "Optimal Search on a Technology Landscape." *Journal of Economic Behavior and Organization* 43 (2000): 141–166.

Kempe, Marius, Stephen J. Lycett, and Alex Mesoudi. "An Experimental Test of the Accumulated Copying Error Model of Cultural Mutation for Acheulean Handaxe Size." *PLOS ONE* 7(11) (2012): e48333.

National Student Clearinghouse Research Center. "Current Term Enrollment Estimates—Spring 2017." https://nscresearchcenter.org/currenttermenrollmentestimate-spring2017.

Page, Scott E. *Diversity and Complexity*. Princeton, NJ: Princeton University Press, 2011.

Simon, Caroline. "For-Profit Colleges' Teachable Moment: 'Terrible Outcomes Are Very Profitable." *Forbes*, March 19, 2018. https://www.forbes.com/sites/schoolboard/2018/03/19/for-profit-colleges-teachable-moment-terrible-outcomes-are-very-profitable/#3d7b01a440f5.

Tomasello, Michael, Ann C. Kruger, and Hilary H. Ratner. "Cultural Learning." *Behavioral and Brain Sciences* 16 (1993): 495–511.

Vaughan, C. David. "A Million Years of Style and Function: Regional and Temporal Variation in Acheulean Handaxes." In *Style and Function: Conceptual Issues in Evolutionary Archaeology*, edited by Teresa D. Hurt and Gordon F. M. Rakita, 141–163. Westport, CT: Bergin & Garvey.

Wright, Sewall. "The Roles of Mutation, Inbreeding, Crossbreeding and Selection in Evolution." In *Proceedings of the Sixth Congress on Genetics* (vol. 1), edited by Donald F. Jones, 356–366. New York: Brooklyn Botanic Garden, 1932.

第 6 章 ───────────────────────────────

Atkisson, Curtis, Michael J. O'Brien, and Alex Mesoudi. "Adult Learners in a Novel Environment Use Prestige-Biased Social Learning." *Evolutionary Psychology* 10 (2012): 519–537.

Bentley, Alex, Mark Earls, and Michael J. O'Brien. *I'll Have What She's Having: Mapping Social Behavior*. Cambridge, MA: MIT Press, 2011.

Bentley, R. Alexander, Mark Earls, and Michael J. O'Brien. "Mapping Human Behavior for Business." *European Business Review* May–June (2012): 23–26.

Bentley, R. Alexander, Michael J. O'Brien, and William A. Brock. "Mapping Collective Behavior in the Big-Data Era." *Behavioral and Brain Sciences* 37 (2014): 63–119.

Brock, William A., R. Alexander Bentley, Michael J. O'Brien, and Camila S. S. Caiado. "Estimating a Path through a Map of Decision Making." *PLOS ONE* 9 (11) (2014): e111022.

Brock, William A., and Steven N. Durlauf. "Discrete Choice with Social Interactions." *Review of Economic Studies* 68 (2001): 235–260.

Ehrenberg, Andrew S. C. "The Pattern of Consumer Purchases." *Journal of the Royal Statistical Society C* 8 (1959): 26–41.

Enquist, Magnus, Kimmo Eriksson, and Stefano Ghirlanda. "Critical Social Learning: A Solution to Rogers's Paradox of Nonadaptive Culture." *American Anthropologist* 109 (2007): 727–734.

Kahneman, Daniel. "Maps of Bounded Rationality: Psychology for Behavioral Economics." *American Economic Review* 93 (2003): 1449–1475.

Laland, Kevin N. "Social Learning Strategies." *Learning & Behavior* 32 (2004): 4–14.

Loewenstein, George F., Leigh Thompson, and Max Bazerman. "Social Utility and Decision Making in Interpersonal Contexts." *Journal of Personality and Social Psychology* 57 (1989): 426–441.

Mesoudi, Alex. "An Experimental Simulation of the 'Copy-Successful-Individuals' Cultural Learning Strategy: Adaptive Landscapes, Producer–Scrounger Dynamics, and Informational Access Costs." *Evolution and Human Behavior* 29 (2008): 350–363.

Mesoudi, Alex, and Stephen J. Lycett. "Random Copying, Frequency-Dependent Copying and Culture Change." *Evolution and Human Behavior* 30 (2009): 41–48.

Pariser, Eli. *The Filter Bubble: What the Internet Is Hiding from You*. New York: Penguin, 2011.

Rogers, Everett M. *Diffusion of Innovations*, 4th ed. New York: Free Press, 1995.

Salganik, Matthew J., Peter S. Dodds, and Duncan J. Watts. "Experimental Study of Inequality and Unpredictability in an Artificial Cultural Market." *Science* 311 (2006): 854–856.

第 7 章

Anonymous. "Playing Out the Last Hand." *The Economist*, April 26, 2014. https://www.economist.com/news/briefing/21601240-warren-buffetts-50-years-running-berkshire-hathaway-have-been-one-businesss-most-impressive.

Frazzini, Andrea, David Kabiller, and Lasse H. Pedersen. "Buffett's Alpha." National Bureau of Economic Research Working Paper No. 19681, 2013.

Keller, Rudi. "University of Missouri Enrollment to Decline More than 7 Percent; 400 Jobs to Be Eliminated." *Columbia Daily Tribune*, May 15, 2017.

Muggeridge, Malcolm. *Muggeridge through the Microphone: BBC Radio and Television*. London: British Broadcasting Corporation, 1967.

Prier, Jared. "Commanding the Trend: Social Media as Information Warfare." *Strategic Studies Quarterly* (Winter 2017): 50–85.

Richards, Jeffrey. *Sir Henry Irving: A Victorian Actor and His World*. London: Bloomsbury, 2005.

Schroeder, Alice. *The Snowball: Warren Buffett and the Business of Life*. New York: Bantam, 2008.

Stripling, Jack. "How Missouri's Deans Plotted to Get Rid of Their Chancellor." *Chronicle of Higher Education*, November 20, 2015.

第 8 章

Acerbi, Alberto, Vasileios Lampos, Philip Garnett, and R. Alexander Bentley. "The Expression of Emotion in 20th Century Books." *PLOS ONE* 8(3) (2013): e59030.

Allen, David, and T. D. Wilson. Information Overload: Context and Causes. *New Review of Information Behaviour Research* 4 (2003): 31–44.

Andris, Clio, David Lee, Marcus J. Hamilton, Mauro Martino, Christian E. Gunning, and John Armistead Selden. "The Rise of Partisanship and Super-Cooperators in the U.S. House of Representatives." *PLOS ONE* 10(4) (2015): e0123507.

Beinhocker, Eric D. *The Origin of Wealth: Evolution, Complexity, and the Radical Remaking of Economics.* New York: Random House, 2006.

Bentley, Alex, Mark Earls, and Michael J. O'Brien. *I'll Have What She's Having: Mapping Social Behavior.* Cambridge, MA: MIT Press, 2011.

Bentley, R. Alexander, and Michael J. O'Brien. *The Acceleration of Cultural Change: From Ancestors to Algorithms.* Cambridge, MA: MIT Press, 2017.

Borgatti, Stephen P., Ajay Mehra, Daniel J. Brass, and Giuseppe Labianca. "Network Analysis in the Social Sciences." *Science* 323 (2009): 892–895.

Brock, William A., and Steven N. Durlauf. "A Formal Model of Theory Choice in Science." *Economic Theory* 14 (1999): 113–130.

Cohen, Jon. "U.S. Blames 'Massive' Hack of Research Data on Iran." *Science* 359 (2018): 1450.

Evans, James A., and Jacob G. Foster. "Metaknowledge." *Science* 331 (2011): 721–725.

Garimella, Kiran, and Ingmar Weber. "A Long-Term Analysis of Polarization on Twitter." *arXiv* (2017): 1703.02769.

Henrich, Joseph, and James Broesch. "On the Nature of Cultural Transmission Networks: Evidence from Fijian Villages for Adaptive Learning Biases." *Philosophical Transactions of the Royal Society B* 366 (2011): 1139–1148.

Iyengar, Sheena S., and Mark R. Lepper. "When Choice Is Demotivating: Can One Desire Too Much of a Good Thing?" *Journal of Personality and Social Psychology* 79 (2000): 995–1006.

Jacoby, Jacob, Donald E. Speller, and Carol A. Kohn. "Brand Choice Behavior as a Function of Information Load." *Journal of Marketing Research* 11 (1974): 63–69.

Jinha, Arif. "Article 50 Million: An Estimate of the Number of Scholarly Articles in Existence." *Learned Publishing* 23 (2010): 258–263.

Kahneman, Daniel. "Maps of Bounded Rationality: Psychology for Behavioral Economics." *American Economic Review* 93 (2003): 1449–1475.

Kim, Tae. "John Malone Says Amazon Is a Death Star Moving within 'Striking Range' of Every Industry on the Planet." November 16, 2017. https://www.msn.com/en-us/money/companies/john-malone-says-amazon-is-a-death-star-moving-in-striking-range-of-every-industry-on-the-planet/ar-BBF2LYS?li=BBnbfcL.

Kircher, Madison M. "Sean Parker: We Built Facebook to Exploit You." November 9, 2017. https://www.msn.com/en-us/news/technology/sean-parker-we-built-facebook-to-exploit-you/ar-BBELRgF?li=BBnb7Kz.

Kitcher, Philip. *Abusing Science: The Case against Creationism.* Cambridge, MA: MIT Press, 1982.

Lazer, David M. J., Matthew A. Baum, Yochai Benkler, Adam J. Berinski, Kelly M. Greenhill, Filippo Menczer, Miriam J. Metzger, et al. "The Science of Fake News: Addressing Fake News Requires a Multidisciplinary Effort." *Science* 359 (2018): 1094–1096.

Onnela, Jukka-Pekka, and Felix Reed-Tsochas. "Spontaneous Emergence of Social Influence in Online Systems." *Proceedings of the National Academy of Sciences* 107 (2010): 18375–18380.

Prier, Jared. "Commanding the Trend: Social Media as Information Warfare." *Strategic Studies Quarterly* (Winter 2017): 50–85.

Salganik, Matthew J., Peter S. Dodds, and Duncan J. Watts. "Experimental Study of Inequality and Unpredictability in an Artificial Cultural Market." *Science* 311 (2006): 854–856.

Schrift, Rom Y., Oded Netzer, and Ran Kivetz. "Complicating Choice: The Effort Compatibility Hypothesis." *Journal of Marketing Research* 48 (2011): 308–326.

Sela, Aner, and Jonah Berger. "Decision Quicksand: How Trivial Choices Suck Us In." *Journal of Consumer Research* 39 (2012): 360–370.

Vosoughi, Soroush, Deb Roy, and Sinan Aral. "The Spread of True and False News Online." *Science* 359 (2018): 1146–1151.

Ware, Mark, and Michael Mabe. *The STM Report: An Overview of Scientific and Scholarly Journal Publishing*. Oxford: International Association of Scientific, Technical and Medical Publishers, 2015.

Watts, Duncan, and Steve Hasker. "Marketing in an Unpredictable World." *Harvard Business Review* 84(9) (2006): 25–30.